Mut zur Heldenreise

Felix Meinhardt

Mut zur Heldenreise

Mehr zu mir und meinen Projekten unter:
www.felixmeinhardt.com

Bibliografische Information der Deutschen Nationalbibliothek: Die Deutsche Nationalbibliothek verzeichnet diese Publikation in der Deutschen Nationalbibliografie; detaillierte bibliografische Daten sind im Internet über dnb.dnb.de abrufbar.

Inhalt und Herausgeber: Felix Meinhardt
Lektorat: Miriam Schiweck
Covergestaltung: Kai Effinger

© 2019 Felix Meinhardt
Herstellung und Verlag:
BoD – Books on Demand, Norderstedt
ISBN: 9783748119227

Dieses Buch widme ich meinen wunderbaren Eltern. Ihr habt den Grundstein für ein verantwortungsvolles und selbständiges Leben gelegt. Danke dafür.

Mein großer Traum wurde Wirklichkeit: Dreharbeiten an der Filmakademie bei Dozent Klaus Merkel

Vorwort

Während ich diese ersten Zeilen meines ersten eigenen Buches verfasse (ein sonniger Herbstnachmittag in München) blicke ich auf meine bisherigen 35 Lebensjahre zurück und kann mit einigem Stolz sagen: Verdammt, ich hab' echt schon ne Menge erlebt und geschafft. Vom Fotograf über Kameramann zum selbstständigen Filmemacher, und dabei schon um die halbe Welt gekommen – immer wieder fragen mich Freunde und Fremde, wie denn bei mir „alles so gekommen" ist. Wie man es denn tatsächlich schafft, das zu bekommen was man will, sich immer wieder Neues zu trauen und am Ball zu bleiben.

Bei der Beantwortung dieser Frage haben sich für mich drei Faktoren herauskristallisiert:

Finde deine Leidenschaft, habe ständig den Mut, deine Grenzen zu überwinden und vor allem auch die Ausdauer, um auch die Widrigkeiten, die sich dir in den Weg stellen werden, zu meistern. Daraufhin höre ich oft die Frage, wie sowas denn konkret aussehen kann – und darauf gibt es natürlich keine allgemeingültige Antwort. Aber ich dachte mir: Warum es nicht am Beispiel meiner eigenen Schaffensgeschichte illustrieren und so greifbarer machen? Biografien haben mich schon immer fasziniert und mir enorm viel beigebracht – wie großartig wäre es, wenn ich mit meiner eigenen auch die von anderen zum Positiven verändern könnte. Gerade für Menschen, die ihre Zukunft und Leidenschaft in der Filmindustrie sehen, wird das von Nutzen sein, denn hier kann ich wirklich aus dem Nähkästchen plaudern:

Es besteht ein reichhaltiges Ausbildungsangebot, doch was passiert danach? Was heißt es eigentlich heute Filmproduzent zu sein, welche Qualifikationen benötigt man dafür? Welche Dinge sind unerlässlich, will man hier die Selbstständigkeit erreichen? Dieses Buch versucht, aus der Entwicklung meiner aktuellen

Situation heraus die Möglichkeiten und Herausforderungen auf dem Weg zur Selbstständigkeit aufzuzeigen und Mut zu machen, nicht nur um kommende Filmemacher mit der aktuellen Marktsituation zu konfrontieren, sondern stets out of the box. Oder wie es schon Steve Jobs oder Arnold Schwarzenegger gesagt haben: „Think different" oder „brich ein paar Regeln"… Genau hier setzt das Buch an: Es zeigt, welche Probleme entstehen können und bietet dem Leser Methoden und Techniken, um diese zu lösen. Ein guter Begleiter auch in schwierigen Phasen, denn aller Anfang ist schwer. Es lohnt sich, dran zu bleiben.

Doch selbst wenn du mit dem Machen von Filmen nix am Hut hast – vieler der in diesem Buch beschriebenen Erkenntnisse, die sich für mich aus den unterschiedlichsten Situationen ergeben haben, sind elementar und lassen sich beliebig auf alle möglichen Gebiete und Lebensbereiche übertragen.

Nicht zuletzt will ich mit dieser kleinen Lebensgeschichte vor allem eines deutlich machen: Nur Mut! Denn Mut war für mich persönlich die Brücke zu den drei Dingen, die mir am wichtigsten sind im Leben: Freiheit, Abenteuer und immer wieder neue Möglichkeiten. Und wer wünscht sich diese Dinge nicht?

Dieses Buch soll (neben der Unterhaltung natürlich) Mut machen – und wenn es auch nur ein kleines bisschen dir, dem Leser, davon geben kann, dann hat es schon gewonnen.

P.S.: Obwohl ich lange überlegt habe, habe ich mich dazu entschlossen, das Buch der besseren Lesbarkeit halber nur in der männlichen, nicht gegenderten Form zu schreiben. Das hat jedoch nichts mit einer Bewertung der „Wichtigkeit" im Filmgeschäft zu tun: Es ist absolut wünschenswert, dass endlich auch mehr Frauen Einzug in dieses leider immer noch sehr von Männern dominierte Business erhalten.

Inhalt

Anmerkung: Trotz Inhaltsangabe lohnt es sich, das Buch von vorne nach hinten durchzulesen, da es an meiner eigenen Biographie als Filmschaffender entlang orientiert ist.

Die harten Fakten zu Beginn

Ich bin am 27. April 1983 in München zur Welt gekommen. Da sich mein Vater sein Pädagogik-Studium nicht anders hätte leisten können, hat er eine zwölfjährige Offizierslaufbahn bei der Bundeswehr absolviert. Deshalb sind wir alle 4 Jahre umgezogen – langweilig wurde es nicht. Laufen gelernt habe ich noch in München. Im Sandkasten gebuddelt habe ich dann an der Nordsee – und im Übrigen auch schon mal einen menschlichen Knochen dabei gefunden, aufgrund des anliegenden Friedhofs, der direkt am Kindergarten lag. Mein Entdeckungsdrang war geweckt. Von den Fröschen, die wir aus Tümpeln gefangen haben bis hin zu einem Feld, auf dem ich mit meinen Freunden herumzündelte (verbrannte Erde war das Ergebnis).

Die zweite Hälfte meiner Kindergartenzeit habe ich dann schon wieder auf der Ostalb verbracht. Kindergarten war uns (und welchem Kind nicht) öfters mal zu langweilig. Ein paar Freunde und ich haben darum manchmal nachmittags eiskalt geschwänzt, hatten aber nichts Besseres zu tun, als uns auf dem Scheunengebäude direkt gegenüber des Kindergartens zu verstecken. Da wurden wir dann natürlich von den anderen Kindern fleißig verpetzt. Einmal erwischte uns der Bauer höchstpersönlich: Ich war damals noch nicht der schnellste Renner, darum erwischte er mich und hielt mich mit der Frage, ob er mich da reinwerfen sollte, über die Güllegrube. Ein sehr prägendes Erlebnis, wie man sich wahrscheinlich vorstellen kann.

Zu meiner Einschulung hatte ich als einziges Kind von meinem Opa schon einen Taschenrechner in die Schultüte bekommen. Schade, dass ich den direkt wieder abgeben musste. Ich habe mich immer sehr gerne an Hilfsmitteln bedient, letztendlich wurde ich mit Spickzetteln unschlagbar. Wie sich später herausstellen sollte, sind Hilfsmittel ein ungemein wichtiger Faktor auf dem Weg zum Erfolg.

Im „Korbschiff":
Schon früh in
Aufbruchsstimmung

Stilbewusst.

Aller Anfang ist schwer

Wenn man einmal Filmemacher werden möchte und in einem 2000-Einwohner-Dorf aufwächst, dann wird dieser Weg kein leichter sein – das war mir bereits als kleiner Junge schon klar.

Meine damaligen Berührungspunkte zum Film bestanden nach einer frühen Phase mit Disneyclub und den Asterix Zeichentrickfilmen und später Abenteuerfilme wie Winnetou vor allem aus Arni, nachdem ich bei einem Freund aus der Nachbarschaft auf dem Camcorder Terminator 2 gesehen hatte. Wir haben gemeinsam Kopf an Kopf aus zehn Zentimeter Entfernung gebannt in das Okular gesehen und mussten zweimal die Kassetten wechseln. Da war ich gerade elf Jahre alt und völlig fasziniert von der Spannung, den Effekten, LA und natürlich von Arnold Schwarzenegger. Die Hollywood-Ära war eingeleitet: Mit Action- und Superheldenfilmen wie Superman und Batman, aber auch Poster von Armageddon, ET, Con Air, The Rock hingen an den Wänden meines Kinderzimmers. Für meine Sammlung an Videokassetten, die mit immer wieder neuen Aufnahmen bespielt und überspielt wurden, ging ein Großteil meines Taschengeldes drauf. Ein großer Dank geht hierbei an meinem Opa, der an den Oster- und Weihnachtsfeiertagen bei sich Zuhause genau das aufnahm, was ich ihm ein paar Tage im Voraus aufgetragen hatte: Denn damals – du wirst dich vielleicht noch daran erinnern – konnte man während einer laufenden Aufnahme auch immer nur das selbige Programm schauen (zumindest bei Satellit über einen Receiver). Bei meinen Eltern, eingefleischten Traumschiff und Tatortfans, hielt sich die Begeisterung für Hollywoodspektakel jedoch in Grenzen.

Merke an dieser Stelle: Man findet sehr leicht heraus, was einem wirklich wichtig ist, wenn man sich überlegt, wofür man bereit ist, sein Geld auszugeben.

Bilder aus der Schulzeit: Meine erste digitale Fotokamera
wurde mein ständiger Begleiter. Die Olympus Camedia
C220 Zoom hat viele Ereignisse festgehalten. Später
dann erste Foto-Shootings auch mit der Olympus C5060,
bis ich mir eine analoge Canon Eos 10, dann eine Canon
D60 zugelegt hatte.

Hoch hinaus wollte ich
schon immer

Über meine stetig wachsende VHS-Sammlung hatte ich den totalen Durchblick: Wo waren noch wie viele Minuten frei? War mit dieser hier noch „Der mit dem Wolf tanzt" machbar oder musste erst dort „Forrest Gump" gelöscht werden?

Nicht, dass ich das jemals getan hätte – Forrest Gump gehörte damals wie heute zu meinen absoluten Lieblingsfilmen. Er vereint viele Dinge, die mich inspirieren. Ein Mensch, dem erdenklich viele Steine in den Weg gelegt werden, gibt nicht auf: Er hört nicht auf all die, die ihm sagen, was er alles nicht kann, sondern hilft, wo es geht und geht unbeirrt und zuversichtlich seinen Weg. Und schenkt dadurch ganz nebenbei enorm vielen Menschen neue Hoffnung. Hoffnung schenken, helfen und Mut machen – drei Motive, die mich damals für immer prägten und auch mein gesamtes späteres filmisches Schaffen durchziehen würden. Doch zurück zum Thema.

Meine erste wirkliche Praxiserfahrung mit Fotografie und Film hatte ich aber im Französischunterricht, in den ich auch nur durch Zufall geraten war. Unser Französischlehrer machte damals eine Runde durch die Klassen, um für den sehr kläglich besetzten Französischkurs zu werben: Er lockte uns mit der Aussicht auf die allgemeine Hochschulreife und der Aussage, dass mit Französisch ja alle Mädchen zu beeindrucken wären. Ich dachte mir, why not – und diese Entscheidung sollte mein Leben nachhaltig beeinflussen. Denn der Französischlehrer wurde gelegentlich von unserem Religionslehrer vertreten: Statt mit uns französisch zu Pauken, entschied er sich lieber, eine Art „Stadtportrait" für unsere französische Partnerstadt zu kreieren, mit Bild- und Tonaufnahmen. Das machte mir riesigen Spaß, und ich glaube, dass diese Französischstunden bei meinem Religionslehrer – mit dem ich übrigens immer noch Kontakt habe – eine ganz wichtige Weiche gestellt haben: Die von der reinen Begeisterung für Filme zum eigenen Umsetzen in die Praxis. Glücklicherweise kam

Während meiner Ausbildung zum Werbefotografen. Hier habe ich nichts dem Zufall überlassen.

genau zu dieser Zeit die neue Sony Mavica irgendwas raus: Ganze 10 Fotos konnte man damit auf eine Diskette schießen, bevor man diese für neue Aufnahmen wieder wechseln musste. Aber dafür musste man keine teuren Filmentwicklungen mehr bezahlen, die ich mir damals sowieso nicht leisten konnte.

Oh, die Wunder der Technik – ich war restlos hin und weg.

Selfie auf 35mm, während
meiner Fotolehre, Berlin 2003

Während meiner Ausbildung zum
Fotografen, Ludwigsburg 2005

16

Praxisübung:
Das eigene Potential erkennen mittels der „Hassliste"

Es hört sich so simpel an – aber ich habe gemerkt, dass viele Menschen ein riesen Problem damit haben, ihr eigenes Potential zu erkennen, und erst recht damit, herauszufinden, wie sie diese einsetzen können.

Dafür gibt's die Hassliste: Oft fällt einem eher mal ein, was denn so richtig ankotzt. All diese Dinge werden runtergeschrieben – und in einer Spalte rechts daneben überlegt man sich dann, wie die jeweiligen Dinge in etwas Positives umwandeln kann. Wenn Schwächen (Widerstände) eliminiert sind, kann sich schließlich dein Potential bestmöglich entfalten – und von dem macht man dann ganz zum Schluss eine Liste. Um das besser zu demonstrieren, sei hier einfach mal ein Beispiel gebracht: Meine ganz persönliche Hassliste, die ich vor einiger Zeit mal geschrieben habe und sich hier gut als Anschauung eignet.

1. *Nimm dir am besten jetzt 20 Minuten Zeit und erstelle deine eigene Hassliste.*
2. *Nachdem du das Negative ins Positive umgewandelt hast, wird die Sicht auf deine Potentiale schon um einiges klarer sein.*
3. *Überlege dir, an welchen Stellen deines Weges du diese neu erkannten Potentiale sinnvoll einsetzen kannst.*

Hass liste ⊖	Unverwandelt ⊕
Grenzen	Freiheit
Regeln	anplanen
Unordnung	Ordentlich, schön
Faulheit	Fleiß, Leistungsorientiert
leeres Geschwätz	sinnvolle inspirierende Gespräche
Ziellosigkeit	Vision
Zweifel	Macher
Papierkram	Handeln, Umsetzen
Angebote, Rechnung	Umsetzung, Realität
Förderanträge	Kooperation
Zuviel Theorie, Text	Anwenden, tun
Langeweile	Spannung, Erlebnisse
E-Mails	Menschen begegnen
Schreibtisch	In die Tat umsetzen
Chef sei mir	delegieren an Team
viel Abstimmung	Entscheidung
Verträge	Feuer vermeiden, Sicherheit
Vorplanung	ins kalte Wasser
dieselben Themen, Wege	neue Impulse, Wege folgen
Zeit Litter	Spaß
stehen bleiben	Bewegung, Dynamik
Abhängigkeit	Möglichkeiten
ständige Wiederholung	Stetig lernen
"reicht mir" hören	Anspruch, Qualität
limitierende Gedanken	Visionär
verzetteln	auf Kurs sein
unästhetisch, stillos	Design, Stil
Warten auf...	loslegen
Feiglinge, Bremser	Anführer, Förderer
ruine Sicher	Abenteuer
	begeisternde Erlebnisse

Von Wegen und Umwegen

Der Weg zu einem erfüllenden Beruf – der immer auch Vorrausetzung für eine erfolgreiche Selbstständigkeit ist - führt in 99,99% der Fälle niemals gerade aus. Umwege zu meistern ist eine Fähigkeit, die es daher so früh wie möglich zu lernen gilt. Möglichkeiten dafür ergeben sich fast jeden Tag.

Ich selbst zum Beispiel habe, wie schon erwähnt, sehr früh damit angefangen: Als Kind in einer Familie, die sehr oft umgezogen ist, musste ich mich immer wieder neu anpassen. Neue Mitschüler, neue Lehrer, neue Orte, an denen man sich in geschwänzten Stunden am besten verstecken kann (ohne von den Strebern entdeckt zu werden). Und damit sei nur das Thema Schule angesprochen! Sicher, sich immer wieder neu anpassen müssen kann anstrengend und nervig sein – aber glaub mir: Wenn man selbständig etwas erreichen will, gibt es wohl nichts wichtigeres als Flexibilität. Und die kann man erlernen, auch wenn sie zu Beginn häufig eher erzwungen scheint.

Mein kurvenreicher Weg setzte sich auch bei meiner Suche nach dem, was „ich denn mal werden will", fort: Mein erster Berufswunsch war nämlich während der Realschulzeit Elektroniker oder Radio- und Fernsehtechniker. Nachdem ich auf dem Technischen Gymnasium angenommen wurde, schien mein Ziel vorerst erreicht – nach Monaten knallharter Techniktheorie wurde mir aber klar: Technik ist verdammt cool, vor allem aber will ich sie anwenden können und nicht programmieren müssen. Wieder was gelernt. Auch während meinen Schnuppertagen bei einer Energieelektronikfirma, bei der während den Pausen ausnahmslos über's Vögeln und Saufen gesprochen wurde, wurde mir klar: Eher nee.

Mit einem Praktikum in den Schulferien legte ich dann eine 180°-Wende hin: Schauwerbegestalter bei Ikea sowie Peek &

Auszüge aus meinem Fotografie-
Portfolio: während meiner
Ausbildungszeit unternahm ich zahlreiche
Fotoexkursionen in diverse Länder und
fotografierte für verschiedenste
Auftraggeber

20

Cloppenburg! Ich entdeckte meine kreative Ader und hätte sogar einen Ausbildungsplatz bekommen, doch auch hier sollte es nicht sein: Viel zu viel war von den großen Firmen vorgegeben, gestalterische Freiheit blieb so gut wie keine. Auf der kreativen Schiene wollte ich aber bleiben, das hatte ich inzwischen gemerkt, deswegen bewarb ich mich für eine Ausbildung als Mediengestalter Bild und Ton – und bekam bei einer Werbeproduktionsfirma eine Ausbildungsstelle. Endlich schien ich gefunden zu haben, was ich wollte, meine Zukunft zumindest ein bisschen vorausgeplant.

Falsch gedacht – 2 Monate vor Ausbildungsstart rief mich die Firma an, um mich über ihren Bankrott zu informieren: Insolvenz, aus der Ausbildungsplatz.

Wie schon in meiner Kindheit bei den ganzen Umzügen war also schnell umdisponieren das Gebot der Stunde, für Selbstmitleid blieb keine Zeit.

Merke: Sich mit „hätte" und „wäre" zu beschäftigen brachte noch nie etwas, bringt nichts und wird auch NIEMALS etwas bringen.

Ich sah mich also um, bewarb mich fleißig und hatte prompt Glück im Unglück: Eine Stelle bei den Bavaria Filmstudios. Dort macht ich meine ersten praktischen Erfahrungen mit TV-Shows: Fliege - Die Talkshow, Marienhof, Schreinemackers TV. Aber bald merkte ich, dass auch das nicht wirklich das war, was ich wollte – wieder zu wenig, was man selber machen konnte.

Bald hatte ich ein neues, klares Ziel vor Augen: Fotografie. Das hatte mir schließlich schon immer Spaß gemacht, warum dann nicht noch mehr in diese Richtung gehen. Über die einjährige Vollzeitschule für Fotografie und eine weitere zweijährige

1. Studienjahr zum Kameramann an der AKA, 2006

Ich & mein Liebling

Ausbildung bin ich dann schließlich in den Studiengang „Film und Medien" mit Schwerpunkt Bildgestaltung und Kamera der Filmakademie Baden-Württemberg gekommen – und auch endlich zu einer Tätigkeit, zu der ich insgeheim wohl schon immer hinwollte.

Wer weiß, wo ich gelandet wäre, wäre mein Weg nicht so kurvenreich verlaufen – dort mit Sicherheit nicht. Den Umwegen sei Dank! Denn wer ohne Probleme und Verlangsamungen immer nur geradeausläuft, der vergisst mit großer Sicherheit, nach rechts und nach links zu schauen – und übersieht dort die Trampelpfade, die ihn womöglich viel näher ans Ziel bringen oder zumindest zu dem, was ihn am meisten erfüllt. Und um an dieser Stelle die furchtbar abgedroschene, aber dennoch sehr wahre und wichtige Phrase zu bringen:

Merke: Wenn eine Tür sich schließt, werden hundert andere sich öffnen.

Häufig erkennen wir erst Jahre später, warum es doch gut gewesen ist, wenn etwas doch nicht so geklappt hat, wie wir uns das vorgestellt haben. Darum stets offen bleiben um neue Chancen zu erkennen.

Auszüge aus meiner
Werbefotografie

Denkanstoß:
Selbstständigkeit – der richtige Weg für mich?

Eine Frage, die wohl sehr viele Menschen jeden Tag im Kopf herumspukt – und die auch mir schon oft gestellt wurde. Das zu beantworten, scheint auf den ersten Blick schwer, da schließlich alle Menschen unterschiedlich ticken. Zur Beantwortung dieser Frage habe ich daher zwei Prinzipien herausgesiebt, die meiner persönlichen Erfahrung nach absolut unerlässlich sind, will man selbstständig durchstarten.

1. **Brenne! Finde DEINE Begeisterung (Umwege sind hilfreich, haben wir vorhin schon gelernt), intensiviere sie, fokussier dich voll drauf – glaube daran, damit Feuer entfachen zu können.**
   Wenn du dir dabei noch schwertust, zieh dich eine halbe Stunde zurück, nimm dir am besten ein Blatt Papier zur Hand und schreibe alles auf was dir Spaß macht. Alles was dir dabei in den Sinn kommt. Anschließend markierst du deine Top 5.
   Wieder eine andere gute Übung ist, sich zu überlegen wofür du gerne dein Geld ausgibst. Auch wofür du früher als Kind dein Taschengeld gespart hast, wer sind oder waren deine Vorbilder? Das sind alles wertvolle Infos.

2. **Sei mutig! Denn Mut wird in der Selbstständigkeit oft gebraucht, ob es nun Mut zum Risiko ist, der Mut, unbeschrittene Wege zu gehen – oder der Mut, den es braucht, nicht auf die Menschen zu hören, die sagen: „Es wird nicht funktionieren". Mut ist wie ein Muskel. Du kannst ihn trainieren. Denke dabei in Zwischenzielen. Und ganz wichtig, was mir immer geholfen hat: du solltest ungefähr alle drei Tage ein kleines**

Erfolgserlebnis auf deinem Weg verbuchen. Das kann ein informatives Telefonat, ein Mittagessen mit einer inspirierenden Person oder auch ein anderes Projekt sein, welches aber deine Fähigkeiten verbessert auf dem Weg zu deinem Ziel. Darum raus mit dir aus der Komfortzone, denn häufig steht nur Bequemlichkeit deinen Zielen im Weg. Wer will findet Wege, wer nicht will, der findet Gründe.

Mit diesen zwei Prinzipien kannst du dir die Frage eigentlich selbst beantworten – aber ich kann es auch für dich tun:

1. Gäbe es nicht schon etwas, von dem du zumindest glaubst, dass es diese eine Begeisterung sein kann, dann würdest du kaum dieses Buch lesen – ob du nun schon mittendrin steckst oder ob es sich bis jetzt noch in deinem Unterbewusstsein versteckt hält (und hoffentlich von diesem Buch nach draußen gelockt wird)
2. Das ist leicht: Jeder kann mutig sein! Mut muss man nicht von vorneherein haben, man kann ihn sich immer wieder neu zulegen und sich zu eigen machen. Denn: Mut ist nicht die Abwesenheit von Angst, sondern die Überwindung dieser!

Du siehst also, für die Erfüllung der zwei „Selbstständigkeitsprinzipien" bist du bestens ausgerüstet. Nichts wie los! Aber Achtung: Damit ist jetzt nicht gemeint, dass du sofort deinen Job kündigen und alle Anker lichten sollst. Selbstständigkeit bedarf einer guten Vorbereitung, einer langsamen, stückweisen Annäherung und dem Erkennen und Ergreifen von Chancen. Um das zu verdeutlichen, ziehe ich einfach noch mal meine eigene Geschichte heran, frei nach „Mensch Felix, erzähl doch noch mal – wie ist das denn bei dir gelaufen?"

Kleine Schritte

Aufgehört haben wir mit der Filmakademie. Um zu verdeutlichen, wie wichtig es ist, auch kleine Schritte zu schätzen, gehen wir in der Zeit nochmal etwas zurück.

Ich war also dieses eine Jahr auf der Einjährigen Berufsfachschule für Fotografie in Stuttgart – hier hat man noch mit den ganz klassischen Methoden gearbeitet. Ein Werkstattlehrer erkannte damals mein Talent und bot mir die Möglichkeit, auch samstags zu kommen und ab und an mal Kameras auszuleihen. Ein Angebot, dass er bald der ganzen Klasse machte – ich war allerdings der Einzige, der es wahrnahm. Fleißig druckte ich also meine Vergrößerungen, belichtete in der Dunkelkammer aus, fotografierte wieder, was das Zeug hielt – auf Kosten der Schule, wohlgemerkt – und hatte bald genug für eine ganze Ausstellung zusammen. Die organisierte ich dann auch mit dem Rest der Klasse am Ende des Schuljahres. Die Veranstaltung wurde ein voller Erfolg, und diverse Gäste und Lehrer rieten mir: „Felix, du musst die Ausbildung auf jeden Fall weitermachen. Du kannst deine eigenen Ausstellungen machen. Bewirb dich bei den besten Studios, sie werden dich nehmen."

Merke: Wenn sich auch nur irgendeine Möglichkeit oder Gelegenheit bietet, das, was du tust, besser zu präsentieren und anderen vorzustellen, dann nutze diese auch. Sprich: Wenn du an einem Samstagmorgen umsonst Abzüge machen darfst, dann tu das gefälligst auch!

Angespornt von solch großartiger Resonanz sah ich mich also nach einem Studio um, das ich mir als Ausbildungsplatz vorstellen konnte, und wurde bei Axel Waldecker Fotografie in Murr, nördlich von Ludwigsburg fündig. Die fotografierten für die ganz dicke Fische – Mercedes, BMW & Co. Das hatte aber auch

Bilder aus meiner
ersten eigenen
Ausstellung

seinen Preis: Wenn ein großer Job bevorstand, dann hieß es: „Felix – für die nächsten drei Wochen musst du dir nichts vornehmen." Und so war es dann auch: Drei Wochen lang von 9 Uhr morgens bis 23 Uhr, sieben Tage die Woche. Ich kann sagen, das war hart. Verdammt hart. Und mehr als einmal war ich kurz davor hinzuschmeißen, einfach weil das Privatleben in dieser Zeit komplett flöten ging. Ich wusste aber auch, wie viel Potential eine Ausbildung bei dieser Firma bot – und hielt doch durch.

Merke: Wenn man Feuer und Flamme für eine Sache ist, überwindet man sich immer und immer wieder. Und eines Tages wird sich das auszahlen. Denn Talent ist eine Sache – es gehört auch Disziplin dazu.

So auch bei mir: In diesen zwei Jahren habe ich – neben absolut professioneller Fotografie natürlich – auch sehr viel über das Drumherum gelernt. Wie arbeitet man mit einem mehrköpfigen Team, mit den ganzen Menschen, die bei einem aufwändigen Shooting zugange sind? Und wie geht man mit den Kunden um? Definitiv zwei Fähigkeiten, die sich in der Selbstständigkeit als ungeheuer wichtig herausstellen. Egal in welcher Branche.
Und nicht zuletzt hat mir die Erfahrung bei so einer Spitzenfirma auch die Türen in die Filmakademie geöffnet: Ich bin, soweit ich weiß, der einzige Student, der jemals „nur" mit Fotografien in den Studiengang Kamera aufgenommen wurde.
Doch auch hier kam natürlich nichts von selbst, ich erkannte und ergriff die Gelegenheit. Eines Abends saß ich bepackt mit Lichtkoffern, Stativen und Kameratasche in der Bahn und wurde von einem Studenten der Film-AKA (Filmakademie) angesprochen, ob ich denn auch Filme mache. „Nein, ich bin Fotograf." „Ah super, wir suchen noch einen Set-Fotografen für unseren nächsten Dreh. Hast du Bock?"

Faszinieren mich wegen
ihrer Aufbruchsstimmung:
Bahnhöfe, oben in Istanbul,
rechts und unten für meine
Bewerbung bei der AKA

Klar hatte ich Bock – ich fand es cool, mal mit Filmakademiestudenten in Berührung zu kommen. Bei den anderen Teammitgliedern kamen meine Fotografien dann letztendlich so gut an, dass beschlossen wurde, diese Fotografien sogar gleich im Labor entwickeln zu lassen und direkt wieder mit ins Set als Requisiten zu integrieren – somit wurde ich darin bestärkt, es doch mal bei der Filmakademie zu versuchen. Wer weiß, wann ich das getan hätte, wäre ich diesem Typen nicht in der Bahn begegnet. Alles kommt, wie's kommen soll – man muss nur allzeit bereit sein.

Eine weitere Fotoserie
aus meiner damaligen
Bewerbung – Freiheit
am Strand

Die Prüfung

Wir waren bei: Ich hatte Mut gefasst und bewarb mich bei der Filmakademie – kurz Aka – für den Studiengang Kamera. Und zwar nur mit Fotografien. Filmaufnahmen hatte ich ja noch keine. Es war schon sehr unwahrscheinlich, damit überhaupt in die engere Auswahl zu kommen – aber meine Fotografien waren gut und ich wollte wirklich, wirklich, wirklich. Ich weiß noch, bei welchen Prüfern das erste Bewerbungsgespräch stattfand: unter anderen Wolfgang Treu. Und ich glaube, er hatte damals ein Leuchten in meinen Augen gesehen. Ich wurde für die Aufnahmeprüfung zugelassen, und seine ruhige Art gab mir irgendwie ein gutes Gefühl: Glaub an dich, das wird schon, mach jetzt einfach einen guten Film. Denn das war die Prüfungsaufgabe: Innerhalb von 72 Stunden einen fünfminütigen Film zu erstellen. Ich trommelte alle meine Freunde zusammen, mobilisierte alles und jeden. Nach der Konzepterstellung ging es auf den Flohmarkt, um die nötigen Requisiten zu besorgen, dann wurde gedreht. Während diesen drei Tagen habe ich so gut wie nicht geschlafen. Am Ende blieb dann nur noch die letzte Nacht für die Postproduktion von „Das Geheimnis". Erst morgens um 5 Uhr kam ich zum Exportieren – und um 9 Uhr musste ich schon wieder an der Akademie sein. Mein Körper holte sich, was er brauchte: Während ich im Vorraum darauf wartete, dass ich dran war, pennte ich einfach ein. Der Sabber hing mir aus dem Mund, als mich mein Vorgänger weckte: Das fing ja schonmal gut an.
Genauso vielversprechend ging es weiter: Ich hatte „Das Geheimnis" nicht nur in schwarz-weiß konzipiert, sondern auch noch als Stummfilm. Auf meiner Erklärung, dass auf der ganzen DVD überhaupt kein Ton erhalten sei, folgten irritierte Gesichter. Ich dachte mir schon: „Scheiße, das wars dann." Fünf Minuten in diesem absolut stillen Zimmer zu sitzen und das Klicken der

Auftragsarbeit für ein Modelabel

Kugelschreiber zu hören – das war unangenehm, das kann ich dir sagen. Ich weiß nicht, ob die Prüfer den Film wirklich nicht so richtig verstanden haben oder einfach nur so getan – auf jeden Fall musste ich ihn anschließend nochmal ausführlich erklären. Letztendlich glaube ich, dass ich da mit meinem Eifer und meinen Überlegungen noch einiges rausreißen konnte – die Gesichter wurden immer wohlwollender. Nicht zuletzt viel mein stummer Schwarzweißfilm aus der Reihe und somit auf – und besonders zu sein ist häufig von Vorteil.

Merke: Brich auch mal Regeln, wenn es sich richtig anfühlt. Kunst und Handwerk gehen Hand in Hand. Wenn du die Regeln verstanden hast und sie wie auf Autopilot abrufen kannst, besteht die Kunst darin, sie ab und zu gezielt zu brechen. Auch die Kunst des Weglassens führt häufig schneller zum Ergebnis.

Zuhause hab ich's dann allerdings nicht mehr ausgehalten: Nach drei Tagen rief ich im Sekretariat an und wollte wissen, ob ich dabei war. „Eigentlich dürfen wir sowas nicht rausgeben", sagte die Sekretärin, „aber in Ihrem Fall können wir ja mal eine Ausnahme machen." In ihrer Stimme lag ein dickes Grinsen, und ich wusste sofort: Ich hatte es geschafft! Ich heulte auf vor Glück.

Szenenfoto aus „Das Geheimnis",
unten: Making-Of

Hilfestellung:
Klare Sicht mit der „Löffelliste"

Kennst du die Löffelliste? Wenn nicht, sieh dir den Film „Das Beste kommt zum Schluss" mit Jack Nicholson und Morgan Freeman an. Dort wird diese Angelegenheit sehr gut beschrieben. Es geht darum, darüber eine Liste zu machen, was du alles getan haben möchtest oder erlebt haben willst bevor du „den Löffel abgibst."

Auch ich habe so eine Liste und die hat viel mit meinen Träumen, Visionen und Zielen zu tun. Darum kombiniere ich das mit einem Visionsboard. Das habe ich nicht erfunden, es hat sich als Methode aber als sehr zielführend für mich herausgestellt:

Da wir Menschen in Bildern denken und gerade über Bilder Emotionen in uns ausgelöst werden, mache ich mir regelmäßig Screenshots von neuen Zielen, Dingen, die ich machen möchte, Projekte, die mich inspirieren, traumhaften Reisezielen oder auch Vorbildern. Manchmal suche ich auch passende Bilder zu Themen, die mich besonders ansprechen. Daraus mache ich eine kleine Auswahl und lasse sie in 10x15 drucken, um sie anschließend auf meiner Wand im Büro aufzuhängen.

Denn nicht nur Übung, sondern auch Wiederholung macht den Meister: Wenn du tagtäglich daran erinnert wirst, wohin die Reise gehen soll, wird es viel einfacher, den Weg vor sich zu sehen. So habe ich das schon als Kind unterbewusst mit meinen vielen Kinopostern gemacht. Außerdem spreche ich auch gerne mal zur Einleitung oder Auflockerung mit meinen Projektpartnern direkt vor dem Visionsboard über deren Ziele. Daraus entstehen häufig inspirierende Gespräche.

Ob du es glaubst oder nicht, ich hatte vor über einem Jahr ein Bild von einem Raketenstart an meiner Wand hängen, weil ich so ein Ereignis unbedingt mal erleben wollte. Ein paar Monate später bekam ich plötzlich die Anfrage von jemandem – mit dem ich schonmal darüber geredet hatte - ob ich für einen Raketenstart in Baikonur / Kasachstan drehen möchte. Obwohl der genau

Zeitpunkt noch nicht festgelegt worden war, habe ich direkt ohne zu zögern zugesagt und diesen Auftrag angenommen. Ich wusste ja ganz genau: Mensch Felix, das war doch schon immer dein Traum!

Merke: Du solltest schon so gut wie möglich wissen, in welche Richtung du zielen möchtest, damit du deine Entscheidungsprozesse beschleunigen kannst und dir auch dein Umfeld dabei helfen kann.

Jetzt denkst du dir wahrscheinlich „ja klar Felix, da hast du einfach mal Glück gehabt."
Denkst du das wirklich? Oder dass ich immer wieder Glück hatte? Unser aktuelles Leben ist immer das Resultat unserer vergangenen Entscheidungen. Triffst du deinem Ziel dienliche Entscheidungen, geht deine Reise natürlich weiter vorwärts und es werden neue Chancen entstehen, die du dann erkennen und auch ergreifen solltest. Bist du aber nicht vorbereitet - ich nenne das immer noch „hast du deine Hausaufgaben nicht gemacht" - siehst du entweder die Chance erst gar nicht, oder dir fehlen die Fähigkeiten bzw. das Selbstvertrauen, diese Chance auch zu ergreifen.
Chancen kommen und gehen. Kleinere öfters, das nenne ich natürlich ebenfalls das Glück im Alltag. Größere Chancen kommen viel seltener - und auf diese solltest du gut vorbereitet sein, vor allem wenn sie mit deinen Träumen, Zielen und Visionen zu tun haben.

Let's do it:
1. Fange ab jetzt damit an, Bilder, die dich inspirieren, zu sichern.
2. Drucke immer wieder welche davon aus, such dir einen Platz in deiner Wohnung und hänge sie dort an die Wand. Überlege dir: Wie stehen sie zueinander, wie lassen sie sich anordnen?
3. Erweitere und aktualisiere dein Visionsboard so im Laufe der Zeit immer mehr – du wirst dadurch mehr Klarheit erhalten.

Die Zeit bei der Filmakademie

Auch wenn ich voller Begeisterung und Eifer startete: Am Beginn meines Studiums musste ich dann doch deutlich merken, wie viel ich noch nicht wusste – ich hatte ja nur Erfahrung mit Fotografie. Einiges nachholen war nun das Gebot der Stunde.

Merke: Lass dich nicht abhängen – wenn du für etwas noch zu wenig Erfahrung hast, ist das nicht das Ende: Dann arbeite dafür, sie zu bekommen! Auch hilfreich:
Treffe dich mit Leuten die weiter sind als du. Am einfachsten geht das bei einem gemeinsamen Mittagessen oder einem Feierabendbier. Hier kannst du in einer angenehmen Atmosphäre am besten im Eins-zu-Eins Gespräch Fragen zu Themen stellen, die dich beschäftigen.

Außerdem wurde mir klar: Ein Studium an der Filmakademie kann verdammt teuer werden. Langsam aber sicher ging mir das Geld aus. Ich brauchte einen Job. Parallel zum Studium fing ich also an, mir etwas mit Hochzeits- und Businessfotografie dazuzuverdienen – ich denke mal, das war mein erster, aber sehr wichtiger Schritt in die spätere Selbstständigkeit.
Noch dazu gab ich Führungen im Kinderfilmhaus. Dort wurden u.a. die Filmsets, beispielsweise von Stop-Motion Filmen aus Filmakademie-Produktionen, ausgestellt. Das war natürlich eine super Übung, um vor und mit Leuten zu sprechen: Was kommt an, wie kann man sie mitreißen? Und was langweilt eher? Von diesen Erfahrungen profitiere ich bis heute, sei es nun freundlicher Smalltalk um neue Kontakte zu knüpfen oder ein Projektgespräch, in dem ich wirklich überzeugen und begeistern muss.

„Antigua"

„Süße Seeluft"

Merke: Egal wo, es ist immer äußerst hilfreich, „gut" mit Menschen reden zu können. Deswegen: Nutze die Möglichkeiten dazu! Dabei baust du auch ganz Nebenbei dein Netzwerk immer weiter aus.

Hier auch wieder ein gutes Beispiel für die Möglichkeiten, die sich ergeben, wenn man mit vielen Menschen ins Gespräch kommt: Ein Familienpapa machte mir nach einer Führung ein Kompliment für meine tolle Art, vorzutragen. Da freute ich mich natürlich sehr, wir quatschten ein bisschen und ich erzählte, dass ich auch Fotograf bin. Daraufhin wollte er meine Kontaktdaten und siehe da, zwei Tage später meldete er sich wieder bei mir: Ich sollte Portraits bei einem Mitarbeiterevent machen. „Kein Ding", dachte ich mir, „da hab' ich den Dreh ja inzwischen raus." Doch weit gefehlt: Das „Mitarbeiterevent" entpuppte sich als gigantische Veranstaltung in der SAP-Arena – mit weit über 600 Mitarbeitern. Der Plan, am Eingang jede Person bei ihrer Ankunft zu portraitieren, war natürlich unmöglich umsetzbar, schon bald zog sich die Schlange ins Endlose. Der pure Horror. Schließlich fiel dann jedoch die Entscheidung, die ganze Sache anders aufzuziehen und die Mitarbeiter (insgesamt über 900) während einzelnen Fototerminen ablichten zu lassen – immer noch von mir, wohlgemerkt. Das war natürlich ein Riesenglück: Letztendlich konnte ich mir mit diesem gigantischen Auftrag drei Jahre lang mein Studium finanzieren. Zum Glück hatte ich bei dem kleinen Plausch im Kinderspielhaus erwähnt, dass ich Fotograf bin.

Merke: Ruhig immer mal wieder in Gespräche einfließen lassen, was du gut kannst und was deine Interessen sind – öfter als erwartet deckt sich das mit dem Gegenüber. Baue Brücken, damit du Stück für Stück in deine Kraft kommst. Denn wie soll dir dein Umfeld helfen, wenn es nichts darüber weiß wie dir überhaupt geholfen werden könnte?

Team und Kulisse bei
„Welcome to Bavaria"

Scary Tailor ist analog auf 35mm mit
aufwändigem Studiobau gedreht worden.

42

Neben meinen Fotoprojekten, die ich parallel zum eigentlichen Filmstudium annahm, um Geld zu verdienen, kamen natürlich unzählige Filmprojekte innerhalb der Akademie hinzu. Auch hier durfte ich über die einzelnen Projekte hinaus richtungsweisende Kontakte knüpfen, wie z.B. zu einem Businessnetzwerk, kurz BNI. Hier durfte ich immer wieder morgens um 7 Uhr die Geschäftsführer aus unterschiedlichsten Branchen vertreten, wenn diese auf Geschäftsreisen waren und über ihre aktuellen Projekte berichten. Der tolle Nebeneffekt: auch ich durfte mich immer selber mit meinen Dienstleistungen als Fotograf und Filmemacher präsentieren. Neue Aufträge waren das Resultat und ich habe viel über die Wichtigkeit bzgl. Marketing und Vertrieb gelernt. Kurz: Es war eine verdammt volle Zeit. Drei von meinen Filmakademie-Projekten bildeten dann auch das Fundament für meine Diplomarbeit: Die „Nachwuchsförderung", ein ausschließlich mit Babys gedrehter Spot, um für Filmförderungen zu werben, der „Supervulkan", eine Naturdokumentation über die Vulkane der Eifel und „E-Mobil"., ein Imagefilm für Elektromobilität in Baden-Württemberg.

Man kann wohl sagen, dass ich an dieser Hochschule, wo geballte Kreativität auf früh erfahrbare Konkurrenzgedanken trifft, fachlich erwachsen geworden bin. Die Filme werden nun mal verglichen unter Kommilitonen, und die damit einhergehende Bewertung entscheidet wiederum über die zukünftigen Projekte jedes Einzelnen.

In einem Studium, in dem nur schwerlich zwischen Arbeit und Freizeit unterschieden werden kann; in dem die Grenzen des Machbaren immer wieder verrückt werden bis man selber verrückt wird, der Technikpool einem zunächst unendlich erscheint, aber man mit dem Budget und in der Logistik dann doch begrenzt ist und sich Teams innerhalb von Tagen bilden, Wochen später jedoch in ganz anderen Konstellationen wiederfinden, der eigene Anspruch von Projekt zu Projekt weiter wächst – in einem solchen Studium entstehen auch Momente, in denen man von der brutalen Realität ganz schnell wieder

„The Inventor": Ein historischer Werbefilm für die Sparkasse. Während der industriellen Revolution wird die Büroklammer erfunden. Natürlich mit 3D-Animation und Bluescreen-Technik.

Team vom „Supervulkan", einer meiner Diplomarbeiten: Eine Naturdokumentation über die Vulkane der Eifel (den wir später an das ZDF verkaufen konnten, hier habe ich auch mit produziert und die effektvolle Postproduktion betreut).

eingeholt wird. Momente, in denen ich mich ebenso gefragt habe, ob das alles nur ein Traum ist. Aber: Der Sprung vom Kamerastudenten zum selbstständigen Filmemacher gelang – du wirst es schon ahnen – mal wieder mit Mut.

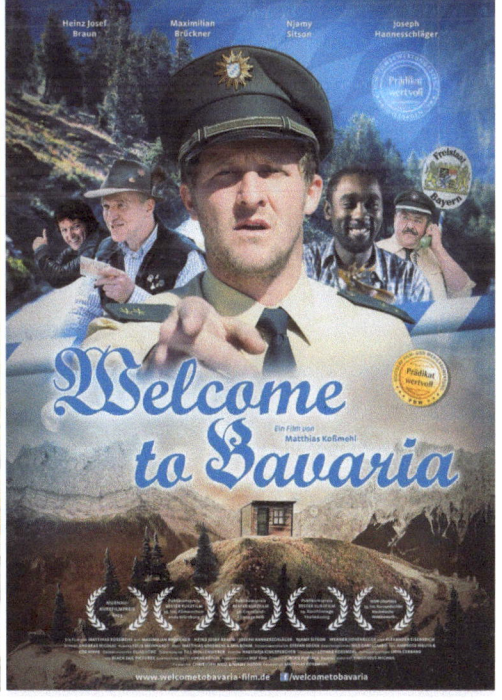

Projektposter

„Cute Monster Family" ist ein fiktiver Werbespot. Aufwändiges Set vor Bluescreen, mit Special Effects Masken und jeder Menge VFX

Teamfoto eines Auto-Werbespots

„Nachwuchsförderung", ein ausschließlich mit Babys gedrehter Spot. Unser Drehverhältnis lag hier bei unglaublichen 400:1. Normalerweise liegt es bei ungefähr 20:1 - bedeutet man dreht 20x so viel Material im Vergleich zur finalen Filmlänge. Babys sind unberechenbar!

Für die
Dokumentation
„Chuzpe" begaben
wir uns mit dem
Musiker Gil Ofarim
nach Israel

„Lindwurm": Der
offizielle Trailer für's
internationale
Trickfilmfestival in
Stuttgart , mit einem
kleinen 3D-Drachen

Für die Hamburger Deern Manufaktur
haben wir auf der Insel Amrum gedreht.

Tipps und Tricks:
Das kleine 1x1 der Selbstständigkeit

Für eine erfolgreiche Selbstständigkeit gibt es keine einheitliche Anleitung. Unterschiedliche Branchen bringen unterschiedliche Arten von Kunden, verlangen unterschiedliche Vorgehensweisen auf Seite der Selbständigen. Es gibt kein Kuchenrezept im Sinne von „100 Gramm hiervon und 50 Gramm davon, von dem lieber nichts, und dann wird der Teig super."

Merke: Man sollte Vertrauen darin haben, dass sich ein Gespür dafür mit der Zeit von selbst entwickeln wird.
Es ist noch kein Meister vom Himmel gefallen. Mit ausreichender Übung kannst du einer werden. Also vertraue dir und vertraue auf die Welt. Glaube an dich und an deine Fähigkeiten!

Von manchen Zutaten kann man allerdings sagen, dass es nur positiv ist, sie dabei zu haben, sei es bei der Neugewinnung von Kunden oder bei einer so technischen Frage, wie man überhaupt die eigenen Preise festlegt. Dafür eignet sich an dieser Stelle ein kleiner Einschub, um grundlegende Tricks und Kniffe zu veranschaulichen

⇨ *Wie man die Leute auf sich aufmerksam macht*
Vorerst das wichtigste Gebot überhaupt: **Präsent sein!** Und zwar überall und zu jeder Zeit – wie willst du an Aufträge kommen, wenn kein Mensch von deiner Existenz weiß?
Hier bieten sich heutzutage unterschiedlichste Möglichkeiten. Und wie man es schon ahnt, haben sich die Social Media

Plattformen als bestes Tool überhaupt herausgestellt. Facebook, Instagram & Co. bieten alle mit ihren spezifischen Gebrauchsarten die Möglichkeit, die eigene Businessgeschichte ganz wunderbar aufzudröseln und vorzustellen: Das ist meine Kamera, darum habe ich sie gekauft, diese Möglichkeiten bietet sie. Oder: Das ist mein Kunde, er möchte das und das, darum passen wir perfekt zueinander. Gut möglich, dass sich ein potentieller anderer Kunde in diesem Kunden wiedererkennt.

Gerade als Kameramann und Fotograf ist es natürlich wichtig, immer wieder Beispiele der eigenen Arbeit visuell zu präsentieren, in Form von Auftragsarbeiten, aber auch von Privatarbeiten (natürlich nur Dinge, die dich auch selbst wirklich zufriedenstellen, du willst dich schließlich bestmöglich präsentiert wissen). Eine Beständigkeit erscheint mir hier sehr wichtig. Ein seit längerem nicht aktualisierter Feed auf Instagram lässt schnell darauf schließen, dass du z.B. keine Aufträge mehr hast – oder überhaupt nicht mehr in der Richtung aktiv bist.

Merke: Führe den Leuten immer wieder vor Augen, was für großartige Arbeit du tatsächlich die ganze Zeit machst – damit sie es auch ja nicht vergessen.
Außerdem gewinnt so auch ein Netzwerkpartner, der dich vielleicht erst seit kurzer Zeit kennt, Vertrauen in deine Fähigkeiten und Dienstleistungen. Nutze die Macht der Wiederholung!

Aber auch Analog kann man ganz schön was reißen. Auch wenn es altmodisch klingt: Egal wo ich hingehe, ich habe immer Visitenkarten und Flyer zu meinen bisherigen Projekten und Ausstellungen mit dabei. Denn „Sie können sich ja später meine Internetseite ansehen" kann klappen – wir haben alle sooo viel zu tun - ich möchte da lieber noch einen weiteren Anker setzen.

⇨ Achtung: Neben den unterschiedlichen Projektflyern sind auch meine Visitenkarten nicht einheitlich. Manche deuten eher in Richtung Image- und Werbefilm, andere beziehen sich auf Dokumentationen. Das steigert die Wahrscheinlichkeit, dass ein potentieller Kunde bei einem Blick auf die Karte davon überzeugt ist, genau die richtige Person für seine Sache gefunden zu haben!

Eine weitere analoge Werbemaßnahme, die sich besonders bei mir als Fotograf und Filmemacher anbot, ist das Aufstellen eines Werbebanners. Egal wo ich drehe, dort wird immer ein Plakat zu finden sein, dass über mich und darüber, was ich mache, informiert. „Wie bitte", wird jetzt manch einer sagen, „durch so eine vorsintflutliche Methode hat der Typ neue Kunden gewonnen?"

Allerdings, und das nicht nur einmal. Wenn ein Mensch seit Tagen mit einem Vorhaben im Hinterkopf herumläuft und dann auf ein Plakat stößt, das ihm über eine Person berichtet, die genau dieses Vorhaben umsetzen kann – dann wird es diese Person werden.

Und nur, um es der Vollständigkeit halber erwähnt zu haben:

Arbeit schafft Arbeit. Gute Arbeit ist die beste Werbung schlechthin.

Nichts wirkt überzeugender, als persönlich von früheren Kunden weiterempfohlen zu werden.

⇨ *Wie man von sich überzeugt*

Fakt ist: Es gibt immer auch andere. Und Fakt ist leider auch: Meistens sogar sehr viele andere. Sehr viele gute andere.

Um neben den reinen Maßnahmen, um überhaupt auf dich aufmerksam zu machen, aus der Masse hervorzustechen, lohnt es sich immer, innerhalb dem eigenen Gebiet eine gewisse Nische zu suchen. Sowohl auf rein technischer Ebene, aber auch in dem, was man mit seiner Arbeit transportieren möchte.

Bei mir kann man sich das so vorstellen: Einen besonderen Vorteil gegenüber anderen Fotografen und Filmemachern habe ich durch eine besondere Ressource: Ich bin mit meinen erlernten Fähigkeiten und meiner technischen Ausstattung in der Lage, Film und Fotografie in meinen Aufträgen zu verbinden. Bei einem Imagefilm für DM habe ich beispielsweise gleich Mitarbeiterportraits dazu gemacht, dadurch bekam die ganze Sache einen schön einheitlichen Look. Das überzeugt.

Merke: Du musst nicht alles können – aber versuche dir von so vielen Dingen wie möglich ein Know-how anzueignen. Heute sind die wenigstens Kunden auf der Suche nach nur einer Sache, sondern nach Kombinationen.

Neben den technischen Fertigkeiten ist es aber verdammt wichtig, sich selber authentisch vertreten zu können. Warum sollte jemand an dir interessiert sein, wenn du dich nicht mal selbst überzeugend findest?

Mein Tipp: Such dir eine eigene Geschichte. Erinnere dich daran, warum du überhaupt mit allem angefangen hast, an die Begeisterung. Beantworte dir selbst diese Fragen:

1. Warum mache ich, was ich mache? Warum begeistert es mich?
2. Was möchte ich mit meiner Arbeit vermitteln?
3. Welche Ziele/ Wirkung möchte ich mit meiner Arbeit erreichen?

deine Geschichte

Wichtig ist es, dem Kunden einen Mehrwert über die bloßen Formalitäten hinaus zu bieten. Begeisterung wirkt immer, denn **Merke: Der Kunde kauft deinen Lifestyle mit ein. Womöglich sind auch deine Kunden gespannt, was deine jüngsten Abenteuer waren oder was als Nächstes bevorsteht. Ich erzähle am liebsten Geschichten (über Menschen, wenn**

ich Filme drehe), die Feuer entfachen und Zukunft gestalten. Grenzen überwinden und Mut sichtbar machen, ist bei mir sowohl Lifestyle als auch USP.

Ich selbst habe mich beispielsweise eine ganze Zeit lang den „Lebensfilmer" genannt: Ich erzähle Geschichten über Menschen, die Feuer entfachen und Zukunft gestalten. Grenzen überwinden und Mut sichtbar machen. Diesem Thema widme ich mich dann im persönlichen Gespräch im Detail und ordne ich dann immer alles unter. Der Kunde kann sich also schon vor Projektbeginn ein ungefähres Bild davon machen, welche Machart und Ästhetik er zu erwarten hat. Nicht selten ist der Kunde dann total überrascht, dass er ein noch viel besseres Endergebnis in den Händen hält als zu Beginn erwartet. Das ist wertvolles Feedback und sehr förderlich für die nächste Thematik.

⇨ *Wie man seine Preise kalkuliert*

Eine Frage, um die so manch einer wahrscheinlich bis jetzt einen großen Bogen gemacht hat – über Geld spricht man schließlich nicht.

Das, lieber Leser, ist jedoch ganz großer Quatsch und in der Selbstständigkeit mit Sicherheit nicht förderlich. Man will schließlich das Beste für sich rausholen und sich nicht unter Wert verkaufen (was gerade im Filmgeschäft leider viel zu oft verkommt). Daher lautet hier aus unterschiedlichsten Gründen die Devise:

Nicht zu bescheiden sein, Zier braucht niemand.

Das es zu Beginn schwer ist, den eigenen Marktwert einzuschätzen, ist jedoch logisch. Aber glaub mir: Da wächst man rein.

Ich selber habe für mich die Methode gefunden, mich zunächst an meiner Technik zu orientieren: Je teurer die Ausstattung, desto besser war natürlich das Ergebnis, desto höhere Preise habe ich verlangt. Step-by-step bin ich dann nach oben gewandert, bis ich – auch völlig zu Recht – Spitzenpreise verlangt habe. Es gibt aber ganz unterschiedliche Strategien, den richtigen Preis für sich heraus zu fuchsen. Sehr entscheidend kann sich ja auch ein hilfsbereiter, offener Umgang mit den Netzwerkkollegen auswirken. Als ich selber beispielsweise beim Verhandeln des Preises für einen Werbespot war, rief ich die Agentin des Kameramannes an, der für jene Firma den letzten Spot gedreht hatte. Ich fragte nach der Bezahlung – und setzte für mich einfach die gleiche an. Dagegen konnte die Firma natürlich nur schwer etwas aussagen, und innerhalb einer halben Stunde hatte ich meine Bezahlung um 5000 Euro erhöht.

Merke: Bei der Preiskalkulation auch auf unkonventionellen Wegen gehen und bei Kollegen nachfragen – das ist kein Hexenwerk.

An dieser Stelle ein kleiner Einschub für ein sehr wichtiges Thema:

⇨ *Wie man ein Netzwerk schafft*

Vernetzung mit Gleichgesinnten und Kollegen ist in der Selbstständigkeit so wichtig wie sonst nirgendwo. Suche dir von vorneherein Partner und Verbündete. Damit meine ich Leute, die dir ein ehrliches Feedback geben und dich schon auch mal darauf hinweisen, wenn du voll auf dem Holzweg bist. Solche Leute sind es, die dir dann auch „um's Eck" helfen und deinen Horizont erweitern können. Auch Tauschgeschäfte mit Netzwerkpartnern können sehr hilfreich sein. Zu Beginn waren das Businessportraits gegen eine neue Visitenkarte, später habe ich Spots für Social Media Marketing gedreht um eine neue Webseite zu bekommen. Es gibt viele Möglichkeiten um mit seinen Kompetenzen Schritt für Schritt immer weiter vorwärts zu kommen, ohne dafür Geld ausgeben zu müssen. Dieser Einblick in andere Bereiche gibt neues Verständnis, wo deren Herausforderungen liegen und vergrößert zusätzlich dein Netzwerk, woraus wieder neue Ideen und Aufträge entstehen. Arbeit schafft Arbeit.

Ich halte nicht viel davon, eine Sache zu lange im stillen Kämmerlein zu machen und erst damit an die Öffentlichkeit zu gehen, wenn sie fertig ist.

Merke: Immer wieder neuen Input von Gleichgesinnten einholen ist enorm wichtig, gibt dir die Möglichkeit, dich stetig zu verbessern und erspart dir in vielen Fällen auch so manch unnötige Arbeit.

1. *Was tust du bereits für deine Sichtbarkeit? Online über Social Media und Offline mit Presseartikeln, aber auch klassischen Visitenkarten und Flyern?*
2. *Nutze die Macht der Wiederholung. Was für große Marken funktioniert, klappt auch bei dir. Versuche dabei interessante Infos zu „Recyclen", d.h. sie mehrfach auf verschiedenen Plattformen zu bespielen.*
3. *Was ist deine Geschichte? Was möchtest du mit deiner Arbeit vermitteln? Erzähle davon deinen Kunden und auch deinem Netzwerk. Und frage im Gegenzug mit ehrlichem Interesse, wo deren Herausforderungen liegen. Vielleicht kommen dir dabei neue Ideen, ihr tut euch zusammen oder es entsteht ein neuer Auftrag?*

Über den Tellerrand hinaus: Meine Mitarbeit an 3D-Filmen, wo ich als Camera Supervisor Full-CG-Projekte betreut habe. Auch Roger Deakins, ein sehr etablierter Kameramann aus Hollywood macht das, wie ich bei seinem Workshop auf dem Camerimage (Int. Film Festival of the Art of Cinematography) in Polen erfahren durfte.

First Man

Nein, es war nicht alles nur ein Traum. Aber es wurden definitiv Träume wahr, so wie bei der ersten wirklich großen Dokumentation, die ich gedreht habe.

Sebastian Scherrer, ein guter Freund von mir, studierte damals wie ich an der Filmakademie: Filmjournalismus. Während unserer gesamten Studienzeit arbeiteten wir immer mal wieder für größere und kleine Projekte zusammen. Nachdem wir den „Supervulkan", eine Naturdokumentation über die Vulkaneifel, und „Heimat – Chuzpe", eine Dokumentation, die einen deutsch-jüdischen Rocksänger nach Israel begleitete, gedreht hatten, bekam ich Hunger auf größeres. Ich weiß noch, dass wir dort grade auf der Autobahn nach Tel Aviv unterwegs waren, als wir uns über ein nächstes mögliches Projekt unterhielten. Sebastian hatte da einen ganz interessanten Zeitungsartikel über eine junge Anthropologin aufgeschnappt, die mit einer Entdeckung bisherige Forschungsergebnisse über den Ursprung des Menschen infrage stellte. Das „Problem" war nur: Dr. Brenna Henn lebte in San Francisco – und das Ziel ihrer Forschungen befand sich mitten in der südafrikanischen Steppe. Ich war sofort Feuer und Flamme, aber Sebastian war die Vorstellung, auf gleich zwei anderen Kontinenten zu drehen, zunächst definitiv eine Spur zu groß. Nach dezenter Bearbeitung und Geduld meinerseits bekam ich eine Woche später dann doch eine Zusage von ihm: Er hatte zwar Bedenken, aber eben Blut geleckt.

Letztendlich führte uns der Dreh insgesamt 1,5 Mal um die Welt – Kalifornien, Südafrika und zurück. Das war damals eine phänomenale Sache. So etwas gab es auch noch nicht an der Filmakademie. Bis wir kamen: Wir haben's einfach getan.

Endlose Weiten und der „Ruf der
Freiheit" locken uns in die Kalahari

Stanley ist ein Jäger. Mit Geschick, Umsicht und uraltem
Wissen sichert er den Jagderfolg auch in der lebensfeindlichen
Umgebung der Kalahari.

Merke: Mach dir bewusst, dass tatsächlich du die Person sein kannst, die als erste neue Wege geht. Nur weil es keiner vorher getan hat, heißt das nicht, das es nicht funktioniert – sei ein Visionär!

Doch kurz Genaueres zum eigentlichen Inhalt der Dokumentation: Dr. Brenna Henn, junge Genetikerin und Anthropologin, arbeitete gerade an der Stanford-Universität in San Francisco, als sie eine phänomenale Entdeckung machte: Neueste Daten, die ihre Genforschung lieferte, stellten Äthiopien als die bisherige Herkunft des ersten Homo Sapiens in Frage – und somit auch die traditionellen Methoden der Archäologie. Als Dr. Henn ihre Studie veröffentlichte, verursachte das eine derart hitzige Debatte, die sie selber nie für möglich gehalten hatte.

Hierzu sagt auch Regisseur Sebastian Scherrer: „Es gibt wohl kaum härtere Grabenkämpfe als die, die in der Anthropologie um die Frage nach dem Ursprung des Menschen ausgetragen werden".

Trotz dem extremen Widerstand, der ihr entgegenschlug, hielt Dr. Henn an ihrer Vermutung fest. Sie machte sich selbst auf den Weg in die Kalahari-Wüste zum abgeschiedenen Volk der San, wo sie das letzte Puzzlestück für ihre Forschungen vermutete. Und auf genau dieser Reise wurde sie von uns als Filmteam begleitet.

Die beim Dreh in San Francisco entstanden Bilder stehen hierbei in einem krassen Gegensatz zu denen aus Südafrika: Moderne, laute und hektische Metropole und die ruhige, klare Weite der Wüste. Der zeitlos anmutende Alltag der San, die ohne Strom und elektrisches Licht auf den Verlauf des Tages angewiesen sind, war für das ganze Filmteam eine fremdartige, aber auch extrem wohltuende Erfahrung.

Von Entspannung konnte jedoch auch hier keine Rede sein, denn ein Filmdreh in der afrikanischen Wildnis brachte natürlich seine

Sana aus dem Volk der San. Die Entbehrungen eines Lebens in der Kalahari haben sie früh gezeichnet.

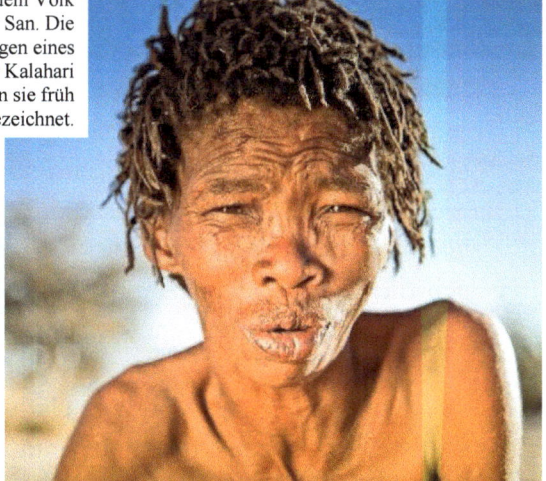

Die San leben unter den einfachsten Umständen, wie man sie sich heute im Westen kaum vorzustellen vermag.

eigenen Probleme: Jeden Tag mussten wir knapp 100 Kilometer fahren, um unsere Akkus zu laden. Dazu hatten wir keine Ahnung, was uns am nächsten Tag erwarten würde: Wir waren ständig unterwegs, jede Szenerie eine andere. Oftmals kamen wir nachts an und erkannten erst am nächsten Morgen, welche Shots sich anboten. Deswegen griff ich als Kameramann zu unkonventionellen Methoden: Während unserer Autofahrten baute ich die Kamera einfach innerhalb des ohnehin schon sehr engen Autos auf, lies die Scheibe runter und nahm, was ich kriegen konnte. Und das waren immerhin Zebras, Gnus, Giraffen, Schakale und sogar ein Löwe. Hätte ich ganz ordnungsgemäß die Kamera mit allem Drum und Dran erst draußen auf einem Stativ befestigt, wären die Bilder vielleicht etwas ruhiger gewesen – die Tiere aber mit Sicherheit auch schon längst am nächsten Wasserloch.

Merke: Man kann nicht immer alles nach allgemeiner Gewohnheit und Regel ausführen – manchmal muss man einfach kreativ sein, improvisieren und Kompromisse eingehen, um das bestmögliche Ergebnis zu erzielen.

In die Trickkiste griffen wir auch bei der Bildgestaltung immer wieder mal: Beispielsweise ergänzten wir nächtliche Lagerfeueraufnahmen in der Kalahari-Wüste mit vor Ort fotografierten Langzeitbelichtungen der Milchstraße. Die war in der Wüste nämlich wunderschön – aber im Schein des Lagerfeuers einfach nicht zu erkennen. Das ist übrigens auch eine Technik, die wir uns schon für den Dreh des Supervulkans angeeignet hatten und hier wieder anwenden konnten.
Letztendlich gelang es uns, das Lagerleben der San in großartigen Bildern einzufangen: Ob eine Jagd, ein Regentanz oder der Dorfälteste Isaak, der seinem vierjährigen Neffen von den Urahnen erzählt – die Individuen des Dorfes werden greifbar und

Isaak ist nicht nur das Oberhaupt seiner Familie, sondern auch ein Medizinmann und Heiler. Enkel Bob ist erst vier, doch schon jetzt unterrichtet Isaak ihn in den Geheimnissen der Wüste.

Bobotie: Warten auf das gemeinsame Essen, nachdem es ein paar Stunden geköchelt hat

nachvollziehbar und stellen somit einen emotionalen Gegenpol zu der rein wissenschaftlichen Seite der Dokumentation, die von geschäftigem Großstadtbildern wie der Golden Gate Bridge und Dr. Brenna Henns Forschungen in San Francisco geprägt sind, dar.

Dabei kann ich mit Sicherheit behaupten, auch einiges von den San gelernt zu haben - beispielsweise als ich Stanley auf die Jagd begleitet habe. Seine Lebensumstände sind völlig anders als die meinen, doch die Art, wie er mit Mut und Köpfchen an die Dinge herangeht, begeisterte mich. Ich beobachtete den Jäger und Spurenleser genau. Wie wir mit Herausforderungen umgehen, wie wir mit Einfallsgeist und Mut die Herausforderungen unserer Existenz lösen – bestehen wir diese Probe auch?

Solche und ähnliche Gedanken schossen mir dort in der Wüste durch den Kopf. Zuhause in Europa sind die Branchen im Umbruch. Blickt man auf die digitale Welt heute, so stehen wir unserer eigenen Kalahari gegenüber. Eine unüberschaubare Branchenlandschaft, in der man sich verlieren kann. Ein knallharter Wettbewerb, in dem es oft um's Überleben geht. Getrieben vom Druck des technischen Fortschritts. So, wie über dem flimmernden Sand der Wüste seltsame Luftspiegelungen entstehen, die Fata Morgana, so verwirren uns Schlagwörter, Innovationen und kurzlebige Trends. Da bedarf es eines erfahrenen Wüstengängers, um nicht in die Irre geführt zu werden. Und seiner geduldigen Ruhe.

Doch genug der Philosophie.

Kurz gesagt: Jede Aufnahme erzählt die Geschichte der San, des ältesten Naturvolkes. Sie handelt von Fantasien, Hoffnung und Zukunftsvisionen aus einer anderen Welt.

Bilder müssen wirken, um Gedankenschleusen zu öffnen. Bewunderung, Erstaunen, Erschrecken und Respekt für und über unsere Welt sind die Folge.

Lydia und Sana sprechen über alles, was sie während des langen Tages erlebt haben. Die Gemeinschaft der San ist eng, sie sichert ihnen Unterstützung und das gemeinsame Leben

Golden Gate Bridge, unsere Anthropologin, und San Francisco. Durch das Silicon Valley wird der ästhetische Kontrast zwischen Großstadt und Wüste deutlich.

Alles Bemühungen, die sich letztendlich gelohnt haben: Für „First Man" bekamen wir den Caligari-Award.

Zum Glück hatte Sebastian damals im Israel dem Projekt mit seiner Zustimmung doch noch eine Chance gegeben und die Möglichkeit, Wirklichkeit zu werden.

Merke: Stelle dich dem Neuen, Unbekannten und überwinde immer wieder deine eigene Komfortzone, auch wenn es zu Beginn oft beängstigend sein kann. Es lohnt sich und du wirst mutiger und mutiger.

Übrigens: Natürlich habe ich während meiner Afrikareise auch fotografiert wie verrückt. Dabei ist eine Wanderausstellung als interessantes Nebenprojekt hervorgegangen. Viele bildliche Eindrücke, die es aufgrund des Erzählflusses nicht in die Dokumentation geschafft haben, bekommen hier noch einmal die Möglichkeit zu wirken und die Welt der San zu vervollständigen.

Im Augenblick (während diese Zeilen entstehen) ist die Fotoausstellung in München zu Gast.

Mit Nils Gabelgaard, Stanley, Lydia,
Sebastian Scherrer, Sana & Isaak.

Ausstellung in der AKA 2015

Ausstellung auf den Münchner Medientagen 2014

Rechenaufgabe:
Die Gleichung meines Lebens

„Leistung ist gleich Potenzial minus Widerstände" (L=P-W).
Wir alle können viel mehr tun als wir glauben, viel mehr leisten als wir denken. Wir alle haben unglaublich viel Potenzial. Die Frage ist, und die habe ich mir tatsächlich schon seit meiner Kindheit gestellt: Wie kriege ich die Faktoren, die mich auf meinem Weg zum Ziel aufhalten, verkleinert oder komplett gelöscht?
Früher hatten diese Faktoren natürlich sehr viel mit mir selber zu tun. Negative Gefühle wie z.B. Selbstzweifel haben mich aufgehalten - aber auch diese kann man auflösen. Oft kann es hilfreich sein, sich ein neues Umfeld suchen, das dir Mut macht und dich auch wirklich unterstützt. Der Weg zum Erfolg ist wie eine Art Zahlenschloss: nur wenn alle nötigen Faktoren die richtige Kombination vorweisen, öffnet es sich.
Ich hätte ja gesagt, die wichtigsten drei Eigenschaften sind Leidenschaft, Mut und Ausdauer. Als nächstes dann ein gutes Umfeld. Für all diese vier Bereiche findet diese Gleichung ihrer Anwendung. Frage dich, was hält mich ab, also was sind meine Widerstände, damit ich mein volles Potenzial in Bezug auf meine Leidenschaft entfalten kann? Hat das mit Zeit zu tun? Mit Geld? Finde dafür schnellstmöglich Lösungen.
Wo fehlt dir der Mut und warum? Finde auch hierfür Lösungen. Du musst diesen Weg auch nicht alleine gehen, berate dich hierzu mit Menschen denen du vertraust.
Dasselbe gilt für die Ausdauer: Welche Tätigkeiten lähmen dich, wie kommst du in deine Kraft, wer kann dir dabei helfen?
Hier ein kleiner Tipp am Rande: Achte darauf, dass auf deinem Weg zum Ziel, egal ob beruflich oder privat, Zwischenziele gewählt werden, die dir ungefähr alle drei Tage ein kleines Erfolgserlebnis garantieren. Dadurch bleibst du am Ball und motivierst dich selber.

Leider kann sich auch dein Umfeld negativ auf dich auswirken. Das kann sowohl beruflich als auch privat sein, alles wirkt aufeinander zurück. Wenn du immer wieder zu hören bekommst „das klappt doch sowieso nicht", dann wird es schwierig, langfristig gegen solche Widerstände anzukämpfen.

Ein positives Umfeld sind zum Beispiel Mentoren, die an dich glauben und dich einen Teil deines Lebensweges begleiten. Das können aber auch Projektpartner sein, die mit an deine Vision glauben, im besten Fall sogar bereit sind deine Schwächen auszugleichen, damit du dich mehr auf deine Stärken konzentrieren kannst und dir somit viel Arbeit abgenommen wird. Auch deine Freunde sollten sich für die Themen, die dich erfüllen, zumindest zeitweise begeistern können.

Wie gesagt - in uns allen steckt ein riesiges Potenzial. Wie bekommst du also deine Probleme, Störfaktoren oder Hemmnisse in den Griff? Du weißt, dass es sich lohnt - denn dein Glück und Erfolg liegt auf der anderen Seite. Wäre doch toll, wenn deine Enkel später mal über dich sagen würden - reife Leistung!

1. *Was hält dich noch davon ab, nächste erforderliche Schritte tatsächlich zu gehen?*
2. *Überlege dir, wer dir diese Schritte abnehmen kann oder dir vielleicht dabei hilft – auch Tauschgeschäfte sind möglich*
3. *Arbeite so, dass du ungefähr alle drei Tage eine Teiletappe als Erfolgserlebnis verbuchen kannst, damit du bei der Stange bleibst.*

TERRA X – Die Deutschlandsaga

War es noch meine große Begeisterung, die Sebastian bei „First Man" den Antrieb gegeben hatten, den Film wirklich in Angriff zu nehmen, habe ich mein nächstgrößeres (wirklich großes) Projekt – für das ZDF - ihm zu verdanken: Die Deutschlandsaga von TERRA X – vielleicht hast du sie auch schon mal im ZDF gesehen. Sebastian war dort mit ins Boot geholt worden, um zusammen mit der Journalismus-Legende Gero von Boehm das Drehbuch zu schreiben und die Regie zu führen. Er brachte mich daraufhin mit der Produktionsfirma von Boehms zusammen und ich nutzte die Gunst der Stunde, um meine früheren dokumentarischen Kamerawerke – den „Supervulkan" und „First Man" – vorzustellen. Einige Wochen vergingen, dann bekam ich die Mail: „Welche Technik brauchst du?" Yes! Ich hatte den Job und ich freute mich gewaltig.

Der Zeitpunkt hätte passender nicht sein können: 25 Jahre nach dem Mauerfall erzählt die Deutschland-Saga die Geschichte der Deutschen. In sechs Folgen beschäftigt sie sich hierzu mit den elementaren Fragen:

Woher kommen wir? Was eint uns? Wovon schwärmen wir? Wonach suchen wir? Was treibt uns an? Und was ist „typisch deutsch"?

Moderiert wird die ganze Sache mit angelsächsischem Humor vom Deutschlandexperten Professor Christopher Clark. In einem roten VW Käfer Cabriolet reist er dabei durch die Jahrtausende und an symbolträchtige Orte deutscher Geschichte: Definitiv mehr als fades Bildungsfernsehen. Hier fließen Unterhaltung und Wissen, Nachdenklichkeit und Spannung ineinander.

Eine 6-teilige Dokureihe von ZDF zu filmen gleicht natürlich einem Ritterschlag. Und ein Ritterschlag verlangt nach einer würdigen Ausrüstung: Eine Red Epic (das ist die Kamera, mit der

Links: Dreharbeiten auf der Schwäbischen Alb
Rechts: Ich erkläre dem Drohnen-Operator die Kameraeinstellung

VFX-
Aufnahmen mit
Bluescreen von
Flugpionier
Otto Lilienthal

Drohnenaufnahme der
Pfahlbauten-Siedlung am
Bodensee

70

auch schon Herr der Ringe gedreht wurde). Wie ich da dran kam? Dazu mehr im nächsten Einschub zu Equipment und Ressourcen.

Ich hatte also eine absolut geile Kamera – und stand mit dem Rest des Teams vor einer gewaltigen Aufgabe: Nicht weniger als zweitausend Jahre umfasste die Zeitspanne, innerhalb derer wir Schlüsselmomente der deutschen Geschichte mit Bildern lebendig werden lassen sollten. Von den Neandertalern über die Germanen und Römer bis heute. Um das möglichst abwechslungsreich zu gestalten, bedienten wir uns ganz unterschiedlicher Elemente.

Neben reinen Moderations- und Dokumentationspassagen wurde vieles auch in reiner Spielfilmmanier dargestellt, sowohl in der Natur als auch im Studio. Ob nun der nachdenkliche Heinrich Heine in seiner Dachkammer oder der Automobilerfinder Benz in seiner Werkstatt: Wir waren immer ganz nah dran an den Persönlichkeiten der deutschen Geschichte, um sie so durch die Zeit hindurch greifbar zu machen. Die zahlreichen Möglichkeiten mit Farben, Kurven und Kompositionen zu spielen, die sich dabei durch die Red Epic ergaben, nutzte ich voll aus. Bei „First Man" hatte es sich schon gezeigt: Sebastian und ich waren einfach visionär drauf.

Um einen besonderen Kamerawinkel zu erreichen, der die Story noch besser unterstützte, lies ich mich beispielsweise einmal mitsamt meiner Kamera über eine Seilkonstruktion an eine fahrende Kutsche hängen – das Ergebnis sah großartig aus. Ein andermal filmte ich von einem Feuerwehrboot auf einem Fluss im Eselsburger Tal aus.

Merke: Sei innovativ! Neue Ideen machen Spaß, erzielen nie gekannte Ergebnisse und kommen super an. Darüber freut sich nicht nur dein Kunde, sondern auch deine Branche, worüber du die Gelegenheit erhältst, Erfahrungsberichte für Fachzeitschriften zu geben.

Es gibt viele Stationen auf der
sechsteiligen Zeitreise. Unter anderem
treten auf: Römer und Germanen (unten
eine Versammlung der Stämme),
preußische Offiziere, Kaiser und Dichter.

Daraus haben sich für mich diverse Jury-Tätigkeiten für Filmfestivals ergeben oder auch die Möglichkeit, Seminare zu geben und Vorträge zu halten.

Ich wandte die gleiche Kombination aus digitalen Spezialeffekten, visueller Finesse und Empathie an, die bereits in meinen früheren Projekten schon die Basis für Preise darstellte – z.B. süße Seeluft, Welcome to Bavaria und natürlich First Man.

Die völlig neue Dimension des Projektes, sowohl die Größe des Teams als auch das Budget betreffend, gab mir natürlich auch die Möglichkeit, Techniken auszuprobieren, mit denen ich bis dahin noch nicht oder nur im kleinen Stil gearbeitet hatte. So filmten wir zum Beispiel den Fluggleiter von Otto Lilienthal vor einem 30 Meter breiten und 10 Meter hohen Blue-Screen, auch für mich eine damals neue Sache, die ich erst kurz vor den Dreharbeiten im Studio Babelsberg bei einem Hollywood-Workshop gelernt hatte und unbedingt mal ausprobieren wollte.

Merke: Nutze alle Möglichkeiten aus, die dir gegeben sind. Du lernst verdammt viel dazu und erweiterst stetig deinen Horizont.

Erstelle dir dazu einen Plan, der dir und deinem Team die notwendige Sicherheit gewährleistet, alles was erforderlich ist auch abliefern zu können. Auch dein Kunde ist dadurch beruhigt. Ergibt sich noch etwas Spielraum machst du kleine Upgrades. Erst die Pflicht, dann die Kür.

Am meisten Spaß haben mir mit Sicherheit die Dreharbeiten in meiner Heimat auf der schwäbischen Alb gemacht. Da kamen dann auch einige meiner Freunde von früher zusammen - dieses Spektakel wollten die sich natürlich nicht entgehen lassen.

Kaiser mit Reichskrone und
Schwert aus dem Spätmittelalter

Sehr nachdenklich:
Heinrich Heine

Hier mit Berta
Benz auf dem
ersten Automobil

„Rotkäppchen" von den Gebrüder Grimm -
eines der beliebtesten deutschen Märchen,
schließlich kommt ja auch gehörig viel Wald
darin vor

Vertiefung:
Ressourcen in Ressourcen investieren

Als ich auf der Filmakademie vermehrt bei filmischen Projekten mitarbeitete, wurde mir klar, dass Film und Fernsehen tatsächlich eine brotlose Kunst sein kann – sofern man Angestellter bleibt. Die Bezahlung der meisten nicht selbstständigen Fotografen und Filmschaffenden ist – verglichen mit den Rechnungen, die von den Firmen gestellt werden – einfach lächerlich. Und leider Gottes ist das nicht nur in dieser Branche so. Will man nun von dieser Abhängigkeit der Lohnarbeit wegkommen, muss man den Mut aufbringen (ja, hier wird das erste Mal wirklicher Mut gebraucht), in eigene Projekte zu investieren.

Als mich die Zusage von Terra X für die Deutschland-Saga erreichte, ergriff ich die Gelegenheit. Normalerweise wird man als Kameramann gebucht und die Produktionsfirma organisiert dann wiederum die benötigte Technik bei einem Kameraverleih. Das Geld bezahlt die Produktionsfirma und letztlich der Sender. Ich wollte mir aber keine Red Epic ausleihen – ich wollte eine haben! Also überzeugte ich die Firma scheibchenweise von der Notwendigkeit einer so exklusiven Kamera (geliehen hätte sie jeden Tag 500 Euro gekostet) und investierte das Geld, da ich auch das Budget für die Technik bekam, in eine Eigene. Natürlich bekommt man da nicht 60 000 Euro auf einmal hingeknallt und geht dann schön shoppen. Ich musste mir zu großen Teilen also die gesamte neue Technik, mit der ich mich für die Deutschland-Saga ausstatte, aus eigener Tasche bezahlen. In dieser Zeit verdiente ich also quasi null, Schritt für Schritt gab ich mein immer neues Einkommen für immer neue Technik aus. Das war ein Schritt ins Dunkel und in jeder Hinsicht ein Risiko – doch die Rechnung ging auf: Nach dem die Deutschland-Saga fertig war, konnte ich auch in meinen eigenen Projekten bessere Leistungen erbringen, bekam dadurch neue Aufträge, kaufte mir mit diesem neu verdienten Einkommen wieder neues Equipment dazu. Mit diesem Auftrag neues Licht, mit jenem Auftrag Bluescreen-Technik und so weiter. So ging das tatsächlich fast zwei Jahre: Meine gesamte Arbeit warf so gut wie nichts ab, weil ich alles gleich wieder in neue Technik investierte. Aber das erlaubte mir, mich qualitativ immer weiter zu entwickeln und immer mehr Projekte auf eigene Faust zu machen – so lange, bis es schließlich doch auf einen Mehrwert kam.

Merke: Wer selbstständiger sein und weiterkommen will, muss zunächst investieren – auch wenn er dadurch finanziell womöglich für eine Zeit auf der Stelle tritt.
Am besten in Werkzeuge, die regelmäßig im Einsatz sind. Damit kommst du raus aus der Abhängigkeit, kannst viele Arbeitswege einsparen und dich auf die Prozesse konzentrieren, die dich wirklich voranbringen.
Wenn du nicht bereit bist in deine berufliche Zukunft zu investieren, warum sollte es dann dein Kunde tun?

1. Überlege dir, welche Werkzeuge auf den näher gelegenen Metern deines Weges besonders wichtig sein könnten (ob technische Ausstattung, Werbung, menschliche Hilfskraft, deine eigenen Fähigkeiten o.ä.)
2. Die Anschaffung welcher Werkzeuge ist momentan für dich realisierbar?
3. Vorrausschauend denken: Welche Werkzeuge könnten in Zukunft wieder neue Möglichkeiten mit sich bringen?

Kirgistan – Eine Reise auf dem Rücken der Pferde

Um einmal poetisch ins neue Kapitel zu starten, beginne ich mit einem alten Nomadensprichwort: „Der Mensch muss sich immer bewegen, weil die Sonne, der Mond, die Sterne, die Tiere, die Fische – alle bewegen sich, nur die Erde und die Toten bleiben immer am selben Ort." Was es mit diesem Spruch auf sich hatte, sollte ich bald herausfinden.

Ich war also auf unterschiedlichen Events und auf Filmfestivals (wo ich auch als Jurymitglied tätig gewesen bin) mit der First Man Fotoausstellung unterwegs, um gute Werbung für mich und mein Tun zu machen. Irgendwann stieß ich auf die Münchner Medientage. Für die Ausstellung dort lieh ich mir einen Landrover aus – den stellte ich zu meinen Bildern dazu, wenn genug Platz war. Expeditionsfeeling eben. In München allerdings hatte ich plötzlich so viel Platz, dass ich schwereres Geschütz auffuhr: Auf meinem i-Mac und zusätzlichen Flatscreens hatten die Messebesucher die Möglichkeit, sich den Trailer und das Making-of anzusehen. Es war, kurz gesagt, episch.

Das fand auch Adriane Lochner, Journalistin und Reisebloggerin. Wir tauschten Kontakte – und ein halbes Jahr später meldete sie sich, denn sie war im Gespräch mit einem kleinen kirgisischen Familienunternehmen, das für westliche Touristen Pferdetrekkings über die traditionellen Nomadenrouten im Hochgebirge anbieten wollte. Es war nur noch nicht klar, wie sie ihre Touren besten präsentieren und bewerben wollten. Für mich ein klarer Fall: Da wäre ich doch der beste Mann. Das Unternehmen hatte allerdings nicht das Budget, um Fotografien oder Filme zu bezahlen – also schlug ich ein Tauschgeschäft vor: Ich fotografierte und filmte umsonst, dafür durfte ich noch meine Freundin und meine Schwester mitnehmen. Die ganze Sache war super spontan, von einem Auftrag in Leipzig flog ich quasi über Nacht nach Kirgistan – aber es hat sich sowas von gelohnt.

Kleines Team,
kleine Ausrüstung

Merke: Spontanität zahlt sich aus!

Vor Ort bekam jeder Teilnehmer dann sein eigenes Pferd. Ausrüstung wie Proviant und Wechselklamotten wurden in den Satteltaschen mitgeführt.

Ich muss sagen, ich hatte bis dahin keine Ahnung, wie gut ich reiten konnte! Wobei die Pferde auch wirklich keine Angst vor gar nichts hatten – die liefen seelenruhig an Abgründen entlang, in die ein Mensch schon lange abgestürzt wäre.

Dass das Tian-Shan-Gebirge mit seinen endlosen Steppen, den dichten Wäldern und eisigen Gebirgsflüssen absolut atemberaubende Aufnahmen möglich macht, muss ich an dieser Stelle sicher nicht erwähnen. Extra für Kirgistan war ich aber mehr oder weniger gezwungen, mir ein paar neue Skills zuzulegen: Das Fliegen von Drohnen. Hatte ich bei der Deutschlandsaga noch zwei drohnenerfahrene Teamkollegen, die das für mich erledigten, war ich bei diesem No-Budget-Projekt auf mich alleine gestellt. Wer weiß, wann ich ohne diese Kirgistan Reise mal angefangen hätte, mir das Drohnenfliegen beizubringen.

Merke: Dankbar sein für neue Challenges.

Nachdem ich den Dreh erstmal raushatte, machte es sogar einen Riesenspaß. Bis auf einmal, als ich mit der Drohne über einen Kilometer von mir entfernt unbedingt noch die letzten Strahlen des Sonnenunterganges filmen wollte: Seelenruhig ignorierte ich die Alarmsignale, die auf einen leeren Akku hindeuten.

Bis die Drohne schließlich keinen Ausweg mehr wusste - und einfach notlandete. Über eine Stunde dauerte es, bis wir das Ding

Das Leben im Tian-Shan Gebirge ist
hart – und oft sehr einsam.

Kirgistan – ein Land der Extreme: Über Nacht kann sich die grüne Bergwelt
auch schonmal in eine Winterlandschaft verwandeln

irgendwo im Nirgendwo wieder gefunden hatten.

Merke: Du verlierst nie. Entweder du gewinnst oder du lernst. Denn aus Fehlern lernt man.

Der Kirgistan-Ritt war übrigens auch mein Instagram-Einstieg: Ein Projektpartner aus einer Werbeagentur hatte mich schon mehrmals regelrecht genervt warum ich meine Bilder nicht noch gezielter online in Umlauf bringen würde. Viel zu schade wäre es um die vielen großartigen Fotos gewesen.

Menschenleere Wildnis, freie Schafherden, Wölfe, Luchse, Schneeleoparden, imposante Berglandschaften und Schluchten: Auf dem Rücken eines Pferdes das gigantische Tian-Shan-Gebirge mit seiner rauen Schönheit zu durchqueren, ist ein Erlebnis fürs Leben. Man lernt Stille und Langsamkeit völlig neu zu schätzen – und, dass Stutenmilch definitiv nichts für westliche Gaumen ist.

Into the Wild – einen
meiner Lieblingsfilme
auch mal selbst erlebt

Auch ohne
gemeinsame
Sprache
verstanden
sich alle super.

Transafrika Expedition
Social-Media-Kampagne der Superlative

Die Transafrika Expedition war wohl mein bisher größtes Abenteuer – und ein sehr gutes Beispiel dafür, wie effektiv Präsenz auf Social Media Plattformen tatsächlich ist.

Nach Kirgistan lud ich also fleißig Fotografien von dem Trip hoch und sammelte mit der Zeit immer mehr Likes und Follower.

Zeitgleich plante der Abenteuerreisen-Veranstalter „Overcross" eine Transafrika Expedition und suchte noch nach einem Filmemacher mit fotografischen Background, der Lust hatte, kostenlos mitzureisen und dafür eine Social Media Kampagne groß aufzuziehen: Mit Fotos, Filmzusammenschnitten zu allen Ländern, einem Making-of und allem Drum und Dran. Nach dem, was du bis jetzt von mir gelesen hast, kannst du dir sicher gleich denken: Ich hatte Bock.

Und glücklicherweise hatte ich mit meinem Instagram Account bereits so tolles „Bewerbungsmaterial", dass sich das Unternehmen gleich sicher war: Mit meiner Erfahrung, was das Filmen auf Reisen, auch unter widrigen Umständen, anging, war ich der richtige Mann.

Merke: Social Media Präsenz zahlt sich aus!

Gemeinsam mit den Kollegen Fabian und Liviana von Janssen Film wurde dann entschieden, gemeinsame Sache zu machen und zusammen auf die große Reise zu gehen.

Und groß war die Reise wirklich: In 6 Wochen durquerten wir 8 Länder und legten dabei 15 000 Kilometer zurück: Südafrika, Zimbabwe, Sambia, Malawi, Tansania, Kenia, Äthiopien und Ägypten. Vieles filmte ich mit Handkamera und vom Auto aus, aber auch die Drohne kam immer wieder zum Einsatz. Zum

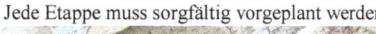
Jede Etappe muss sorgfältig vorgeplant werden

Ein Crash: Auf den
schlechten Straßen
fast an der
Tagesordnung

Beispiel für unser „Drohnie" – Selfie mit Drohne" über dem Malawisee in Ostafrika, dem neuntgrößten See der Erde. Irgendeine Möglichkeit, die Filmaufnahmen zu planen, gab es nicht: Jeder Tag war anders und die Routen ergaben sich teilweise spontan. Also filmten wir einfach, was uns vor die Nase kam und uns interessant erschien. Und da kamen viele Eindrücke zusammen: Endlose Straße durch die Prärie, bevölkert von Giraffen, Dromedaren und Zebras. Vogelspinnen, die es sich im Gepäck gemütlich machten. Eine Massai-Frau bei ihrer Arbeit vor der Hütte. Ein Mann, dem wir mit Sprit aushalfen. Lalibela, die sagenumwobenen Felsenkirchen, direkt aus dem Stein im Boden gehauen. Dorfbewohner, die unsere Motorräder bewunderten. Motorräder im Schlamm. Motorräder im Wald, Motorräder im Sonnenuntergang. Und überall: Lachende, winkende Kinder am Straßenrand.

Kurzum: Es war wahnsinnig viel Material, welches wir pro Land auf zwei bis drei Minuten herunter gekürzt haben. Schließlich sollte keine Dokumentation entstehen, sondern kurze, effektreiche Eindrucksfilme, die Lust auf mehr machten.

Fabian und ich waren mit der Postproduktion über ein Jahr lang beschäftigt, mit vereinten Kräften brachten wir sie aber schließlich zum Ende. Alle Videos sind im YouTube-Kanal von Overcross zu finden.

Neben der gigantischen Datenmasse war diese Reise aber auch für mich persönlich eine echte Herausforderung: Alle hundert Kilometer konnte etwas passieren, wir hatten unzählige Pannen. Ersatzteile mussten aus Deutschland eingeschickt werden, da die Werkstätten vor Ort oft schlecht ausgerüstet waren. Ein Teilnehmer brach sich schon in Südafrika den Fuß, und auch mich erwischte es. Drei Länder hindurch bin ich dem Ruf der Freiheit auf dem Motorrad gefolgt – bis ich leichtsinnig wurde. Schlüsselbeinbruch.

Nur eine winzige Auswahl der
vielen großartigen Portraits, die
während dieser Reise entstanden
sind

Merke: Auch wenn es gut läuft – egal wo – versuche immer eine gewisse Besonnenheit zu bewahren. ;)

Nach Hause gehen kam für mich aber nicht in Frage – weiter ging es trotz Bruch im Versorgungsfahrzeug.

Irgendwann kommt der Punkt, da gehst du weit über deine Schmerzgrenzen hinaus - darum heißt es ja auch Leidenschaft. Wenn du dein Ziel vor Augen hast und so motiviert bist, ja regelrecht im Flow, dass du voller Schaffensfreude bist, du Entscheidungen innerhalb von Millisekunden treffen kannst, die kleinen Hindernisse nicht mehr wahrnimmst und auch den Perfektionismus völlig ablegst. Diese Energie spürt dann auch dein Umfeld und unterstützt dich so gut es kann. Dann wirkt das Gesetz der Anziehung.

Und: Einmal gab es an der Grenze heftige Schwierigkeiten mit dem Militär wegen dem Drohnen-Equipment. Ein Bildredakteur entdeckte die Story und zog sie richtig fett auf: So wusste dann auch Deutschland darüber Bescheid, was wir da für aufregende Abenteuer erlebt hatten.

Letztendlich kam ich dann aber doch – wer hätte das gedacht – wieder wohlbehalten in Deutschland an und freute mich einmal mehr darüber, was für geile Nebeneffekte mein Job so mit sich brachte.

Ein Dankeschön hier auch an die Protagonisten, die teilweise durch die Hölle gefahren sind, und ein besonderen Dank an die Kollegen Liviana und Fabian, die bis zu meiner Abreise an meiner Seite waren und mich im wahrsten Sinn des Wortes unterstützt haben und tolle Szenen produziert haben.

Freiheit!

Teamgeist!

Als Motivation: Inspirierende Zitate

Wie dir bis hierhin sicher schon deutlich geworden ist, bin ich ein großer Fan vom „einfach machen", vom Handeln. Leere Phrasen sind gar nicht mein Ding (und nebenbei auch gar nicht produktiv). Doch auch wenn letztendlich immer das zählt, was man tut, und nicht, was man nur sagt, glaube ich an die Macht der Worte. Richtig gesetzt und abgewogen können sie unglaublich Mut machen, den Blick auf das Wesentliche lenken und die Sicht erhellen. Durch mein Leben begleiten mich daher auch immer motivierende Zitate, die ich irgendwo gelesen oder aufgeschnappt habe. Nicht nur einmal haben die mir in schwierigen oder erschöpfenden Situationen deutlich gemacht: „Du wirst das schaffen!"

Ein paar meiner Favoriten will ich dir darum an dieser Stelle auch als Leser mit auf den Weg geben – vielleicht findet sich ja ein persönlicher Wegbegleiter.

„Die Freiheit des Menschen liegt nicht darin, dass er tun kann was er will, sondern dass er nicht tun muss, was er nicht will."
Kurt Tucholksy

„Wenn du einen Traum hast, musst du ihn beschützen."
Christopher Gardener in „Das Streben nach Glück"

„Es kommt nicht darauf an, wer du bist, sondern wer du sein willst."
Paul Arden

„Wer etwas riskiert, kann etwas verlieren. Wer aber nichts riskiert, verliert garantiert."
Lebensmotto von Jochen Schweizer

„Alle sagten, das geht nicht. Da kam einer, der wusste das nicht und hat's gemacht."
Unbekannt

„Nur wer sein Ziel kennt, kann treffen"
Kurt Tucholsky ⇨ Dazu habe ich mein eigenes Zitat entwickelt: „Die meisten zielen zu niedrig - und treffen."

„Alle Träume können wahr werden, wenn wir den Mut haben, ihnen zu folgen."
Walt Disney

„Bleib hungrig, bleib verrückt."
Steve Jobs

„Du hast nicht versagt, wenn etwas nicht funktioniert. Du hast nur eine von vielen Möglichkeiten gefunden, wie es nicht geht."
Dirk Kreuter

„Mut ist, den Möglichkeiten mehr Glauben zu schenken als dem Erlebten."
Dirk Kreuter

„Ich bin kein Produkt meiner Umstände. Ich bin ein Produkt meiner Entscheidungen."
Estée Lauder

„Es gibt keine Abkürzung zu einem lohnenswerten Ziel."
Beverly Sills

„Es sind immer die Abenteurer, die große Dinge vollbringen."
Charles-Louis de Montesquieu

Die Bertelsmann-Stiftung

Um von der Bertelsmann-Stiftung zu erzählen, muss ich eigentlich zuerst mit „Das Tal in Ketten" anfangen – oder zumindest von seinen Anfängen. Im folgenden Kapitel räume ich diesem Herzensprojekt dann nochmal mehr Platz ein.

Nach der Deutschland-Saga hatte ich Blut geleckt an diesen historischen, epischen Bilderwelten. Filme, die Fenster in andere Zeiten waren, vor allem Kriegszeiten und Mittelalter, hatten mich schon immer besonders fasziniert und gepackt. „Schindlers Liste", „Braveheart" und „Der schmale Grat" sind ein paar Beispiele. In mir wuchs der Wunsch, selber so ein Fenster zu erschaffen. Das Konzept zu „Das Tal in Ketten" habe ich mit dem Drehbuchautoren Daniel Jacob entwickelt. Wir haben ein kleines Exposé vorbereitet, um den groben Abriss des Projekts zu beschreiben. Nur, wem zeigen?

Ich entschloss mich dazu, mich gleich an die ganz Großen zu wenden – was hatte ich zu verlieren?

Von Nico Hoffmann, Regisseur, Produzent und Geschäftsführer der UFA wusste ich, dass er an der Filmakademie ab und an Seminare im Studiengang zur szenischen Regie gab. Ich rief seine Assistentin an, beschrieb was ich wollte – und bekam tatsächlich einen Termin.

Merke: Lieber direkt groß denken als zu klein.

Natürlich wurde ich von ihm zu Beginn ziemlich schräg gemustert – ich war ja damals ein Kamerastudent! Als ich ihm aber mein Konzept unterbreitete - „Lebensfilmer", Menschen Mut machen, das volle Programm - da schien ich doch seine Zustimmung zu gewinnen. Klar war aber auch: Er hatte sich in seinen Filmen zwei

Aus dem Imagefilm für die Bertelsmann-Stiftung, es folgten Auftragsarbeiten und freie Arbeiten im stetigen Wechsel.

Hier habe ich zum Beispiel mit meinen lieben Großeltern eine lustig wurstige Viral-Serie oder einen italienisch angelegten Ravioli-Spot abgedreht. Die Produktivität wird erhöht, das Netzwerk weiter ausgebaut und das Portfolio immer umfangreicher.
Unten: Imagefilm für Steinel

Jahrzehnte lang intensiv mit dem 2. Weltkrieg auseinandergesetzt – das Thema war durch. Aber: Er hätte was anderes, womit ich mich beweisen könnte. Einen Imagefilm für die Bertelsmann-Stiftung.

Bertelsmann ist ein Milliardenunternehmen, europaweit aktiv, die UFA ist eine der vielen Tochtergesellschaften. Ich sagte natürlich sofort zu. Ich war für die Verwirklichung eines Projektes gekommen und nahm nun ein anderes mit nach Hause, wusste aber, dass ich damit meinem Traum vom Spielfilm ein Stück näherkommen würde: Immerhin hatte ich nun bei der UFA einen Fuß in der Tür.

Merke: Auch wenn man zu Beginn nicht immer bekommt, was man eigentlich will: Fixiere dich nicht zu steif darauf und ergreife auch die Möglichkeiten, die sich alternativ bieten.

Bei den Executive Trainings der Bertelsmann-Stiftung, die in dem Imagefilm beworben werden sollten, handelt es sich um ein Coaching-Programm von Führungskräften. Es liefert wertvolles Wissen zur Verortung im eigenen Unternehmen und zum Setzen neuer Impulse. Das Alumni-Netzwerk mit Seminarkollegen anderer Unternehmen und Branchen präsentiert außerdem eine einzigartige Plattform zum vertrauensvollen Austausch und bietet Rückhalt in schwierigen Situationen. Dabei richten sich die Executive Trainings an keine bestimmte Sparte, wie beispielsweise nur Großunternehmen oder Banken. Ein Umstand, der zu sehr viel offeneren Gesprächsrunden führt.

Ich überlegte mir das Konzept, die Welt des Sports und den Umgang mit Kulturgütern als Parallele zum Milieu potentieller Teilnehmer und Alumni darzustellen. Teamgeist, Geschicklichkeit, Positionierung und Disziplin sind schließlich alles Werte, die sowohl im Sport als auch in der Unternehmensführung benötigt werden. So werden dann im

Joseph Vilsmaier, ein großes Vorbild von mir. Er ist sehr erfolgreich als Regisseur und Kameramann tätig.

Karl Walter Lindenlaub gewann für „Moon 44" die Goldene Kamera. Seine Karriere stützt sich aufs Selbstlernen, er rät, immer offen zu bleiben: „Was alles nicht geht will keiner hören."

Volker Engel, ehemaliger Filmakademiestudent, arbeitet inzwischen in Hollywood als VFX-Supervisor und Produzent an Blockbustern wie The Day After Tomorrow und White House Down.

Anna Förster, ursprünglich mal bei Filmakademie, arbeitet heute in Hollywood und hat als Trickfilm-Kamerafrau unter anderem das Weiße Haus bei Independence Day in die Luft gesprengt. Heute führt sie auch selbst Regie, stets offen zu sein ist ihre Devise.

Der Meister des Horrors: John Carpenter, den ich auf der „weekend of hell", einer Filmmesse für's Horrorgenre, traf

Im Film die Teilnehmer auch während ihrer sportlichen Aktivitäten in ihrer Freizeit gefilmt. Die mit Musik untermalten Aufnahmen werten ein Interview emotional auf und sorgen natürlich für Abwechslung während dem Ansehen. Dazu werden persönliche Erfahrungen und Highlights thematisiert, Statements von Teilnehmern und Schnittbilder vom Networking geben direkten Einblick ins Training. Ausschnitte aus den Gesprächsrunden mit Vorständen aus großen Konzernen verwendete ich, um die Exklusivität der Seminare zu vermitteln - sodass Personalverantwortliche oder Unternehmensleiter darin bestärkt werden, ihre Führungskräfte als Teilnehmer zu nominieren. Und das war und ist ja schließlich die Absicht dieses Imagefilms.

Zu Beginn ergaben sich ein paar Komplikationen: Meine gewünschten Interviewpartner, alles vielbeschäftigte Geschäftsleute, hatten natürlich nur sehr eingeschränkte Terminmöglichkeiten. Also ging ich einfach auf Risiko und beschloss, den Dreh zu starten, bevor ich überhaupt den Vertrag hatte, dafür mit einem sehr komprimierten Team. Das hat sich im Nachhinein aber gelohnt, sonst hätte ich auf viele tolle Interviews verzichten müssen. Diese haben nicht zuletzt auch mir persönlich genutzt: Ich konnte mich immer wieder mit „Top-Entscheidern" austauschen. Ob bei den Vorterminen oder beim Seminar selbst: Bei einer Tasse Kaffee war man schnell mal dabei, aus einem Mittagessen wurden stundenlange Gespräche über das Leben und die Frage des Erfolgs. Da waren viele inspirierende Gespräche dabei, die mich allesamt auch nochmal darin bestärkten, weiter meinen Weg als selbstständiger Filmemacher zu gehen – nicht zuletzt kam ich da auch auf die Idee, meinen

Imagefilm für den
Individualflug-Anbieter
DC Aviation

Werbespot &
Werbefotos für Bosch

Kampagne für DM: Imagefilm &
Mitarbeiterportraits

Ein Bobbycar-Werbefilm im James Bond Stil

eigenen Podcast zu starten. Wie im Imagefilm selbst ging es auch um das Thema Coaching - darum, wie wichtig es ist sich seine Mentoren zu suchen und auch mal Hilfe anzunehmen.

Das wurde mir noch einmal mehr klar, als ich Liz Mohn mit einem Zitat am Ende des Filmes einfügte:

„Die Delegation von Verantwortung ist nicht die einfachste Form der Führung – jedoch die erfolgreichste!"

Im kleinen Rahmen – mit meinen Kameraassistenten, in Sachen Schnitt, digitale Postproduktion, Komponisten usw. – hatte ich das ja bereits selbst umgesetzt. Nach der Umsetzung dieses Films ging ich aber dazu über, immer mehr Bereiche meines Lebens, die es zu organisieren galt, in andere Hände abzugeben. Natürlich auch wieder eine Investitionssache. Es ist auf längere Sicht aber eine riesen Erleichterung, die dazu führt, dass man wieder mehr Energie für die Dinge hat, die einem wichtig sind.

Merke: Lerne, Verantwortung abgeben zu können – es bringt dich nur vorwärts! So hast du wieder mehr Zeit dich auf deine Stärken zu konzentrieren.
Was du nicht so gerne machst - und du dadurch in der Regel auch nicht so gut hinbekommst - gibst du am besten schnellstmöglich ab, damit für diese Aufgaben ebenso eine passende Lösung gefunden wird.

Die Gespräche während des Drehs zu Bertelsmann-Stiftung brachten mich nicht zuletzt auch dazu, meinen eigenen Podcast zu starten: Eine Möglichkeit, um mir ein kraftvolles, inspirierendes Umfeld zu schaffen und mich mit Profis auszutauschen, von denen ich noch einiges lernen kann.

Merke: Dein Umfeld formt deinen Charakter. Also achte darauf, mit welchen Menschen du dich umgibst – Menschen, die dir guttun und dich inspirieren, nicht Menschen, die dich herunterziehen oder zurückhalten.

Curevac – The RNA People

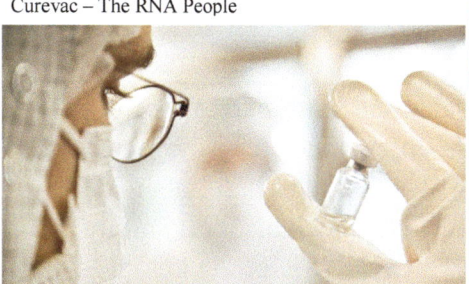

Erzdiözese Freiburg

Simba Toys

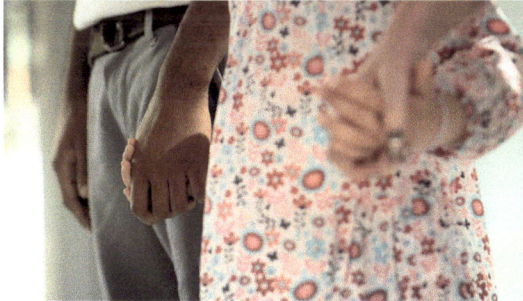

Voith – Für die Zukunft ausbilden

„MWI AG – Zukunft der Mobilität

Das Tal in Ketten

Kommen wir nun zu dem Projekt, das mir am allermeisten am Herzen liegt – und das noch gar nicht abgeschlossen ist. Nein, ich befinde mich gerade noch mitten in der Anfangsphase, aber ich bin bereit, voll durchzustarten. Doch erst nochmal ein Sprung zurück, zum Anfang des vorherigen Kapitels: Wie schon gesagt – Deutschland-Saga, vergangene Zeiten, meine Euphorie war geweckt. Liebe und Freiheit in Zeiten des Krieges waren dabei die Themen, die mich am meisten interessierten.

Mein Opa hatte mir früher immer viel vom Krieg erzählt: Sein Haus wurde damals in Andernach völlig zerbombt, er wusste, wie es sich anfühlt, wenn der Feind mit der Handgranate vor dir steht. Ich hörte immer gespannt zu und stellte mir die Frage: „Kann man da nicht irgendwas draus machen?"

Nach Terra X fing ich dann gezielt an zu recherchieren – und ein Themenfeld stach mir dabei besonders ins Auge: Die Deserteure. Eine Geschichte um das Thema einer Desertation herum aufzubauen, erschien mir als gute Möglichkeit, einen Film klein, sprich kostengünstig, zu halten und trotzdem eine emotionale Geschichte zu erzählen. Nicht selten sind gut gemachte Kammerspiele spannender als so mancher Hollywood-Blockbuster. Und da ich noch nicht so etabliert bin, war mir klar: Größer als ein Dorf darf das Umfeld der Geschichte nicht werden, es muss sich im Rahmen eines Independent Films bewegen, wenn ich es realisieren möchte.

Merke: Klar, immer groß denken – allerdings deiner Situation angemessen. Wer sich Ziele setzt, die er aufgrund seiner aktuellen Lage niemals von jetzt auf gleich wird verwirklichen können, verliert schnell den Mut. Baby Steps!

Moodbilder zu „Das Tal in Ketten"

Und worum soll's gehen? Zentrale Figur der Geschichte ist Martha, eine selbstbewusste Frau in den Dreißigern. Eine fürsorgliche Mutter – und eine treue Ehefrau. In den Wirren des Krieges tut sie alles dafür, ihre Tochter Rosa vor den Gräueln dieser Zeit zu schützen, und gleichzeitig versteckt sie ihren desertierten Ehemann in einer Mühle. Dies aber eher aus Pflichtbewusstsein denn aus Liebe: Die einzige Verbindung, die Martha noch zu Joseph spürt, ist die gemeinsame Tochter. Ihr trister Alltag ändert sich, als sie auf ihre Jugendliebe Richard trifft. Er entreißt sie ihrer eintönigen Welt, bringt sie wieder zum Träumen, ist voller Charisma – und ein Deserteur-Jäger.

Martha ist hin- und hergerissen zwischen ehelicher Pflicht und den Wunsch, endlich ein selbstbestimmtes Leben zu führen. Ein perfides Kammerspiel entwickelt sich, als Josef, der um zu überleben eigentlich zum Nichtstun verurteilt ist, sich dazu entschließt, auch noch eine Rolle in diesem Spiel zu spielen.

Vor der Kulisse des 2. Weltkriegs wird hier eine Geschichte erzählt vom Wunsch nach Freiheit und der Frage, wie sehr Menschen bereit sind, für das was sie lieben, zu kämpfen- auch unter den widrigsten Umständen.

Mein Team und ich sind fest davon überzeugt, dass eine Geschichte aus diesem Stoff die Gemüter der Menschen mitreißen wird - werden wir doch selbst immer wieder vor Entscheidungskonflikte gestellt und die Frage, ob wir Opfer unserer äußeren Umstände bleiben oder nicht.

Nun geht es aber darum, auch andere Menschen vom Wert dieser Geschichte zu überzeugen – die Menschen mit dem Geld.

Schließlich ist kein Spielfilm, sei er ein noch so klein gehaltenes Kammerspiel, mal eben so aus eigener Tasche zu finanzieren. Die Vorbereitungen des Projekts laufen tatsächlich schon seit drei Jahren – immer wieder schreibe ich an Filmförderungen, treffe mich mit anderen Regisseuren und Produzenten. Manche beißen zu 20% an, manche zu 70% - die notwendigen 100 waren bis jetzt

Stills und
Making-of
von „Jewelry
Junky"

noch nicht dabei. Doch wie schon zu Beginn dieses Buches erwähnt ist Beharrlichkeit eines meiner größten Mottos. Ohne Beharrlichkeit wäre ich nie in die Position gekommen, überhaupt auch nur über einen Spielfilm nachzudenken – und Beharrlichkeit wird mich auch jetzt, früher oder später, ans Ziel bringen. Immerhin habe ich für „Das Tal in Ketten" schon zwei großartige Mitstreiter gefunden: Das Drehbuch ist gemeinsam mit Daniel Jacob, der ebenfalls an der Filmakademie studiert hat, entstanden. Und über die MFG (Medien- und Filmgesellschaft Baden-Württemberg) kam auch der Kontakt zu Simon Rost zustande, der nun als dramaturgischer Begleiter an diesem Projekt beteiligt ist und aus der Story den höchstmöglichen emotionalen Wert herauszaubert. Das ist großartig, denn nach meiner bisherigen Reise ist für mich sonnenklar: Mit Personen zusammenzuarbeiten, die sich für das gleiche Begeistern wie du, erleichtert es ungemein, auch längere Durstrecken zu überstehen.

Merke: Suche dir Mitstreiter, die für das gleiche brennen wie du – zwei Flammen leuchten heller als eine und stärken sich gegenseitig. Oder wie Goethe sagte: „Sage mir, mit wem du umgehst, so sage ich dir, wer du bist."

Parallel zu den Vorbereitungen und Planungen für „Das Tal in Ketten" war ich natürlich nicht untätig, was das Filmemachen angeht – im letzten Jahr sind ein paar aufwändige Kurzfilme entstanden. Darunter „Generation YouTube", ein auf wahren Begebenheiten basierendes Drama über Teenager, die sich auf der Jagd nach Klicks immer waghalsiger werden, und „Jewelry Junky" ein Kurzfilm über die Gier nach Luxus in Schwarzweiß-Manier. Beide sind momentan auf internationalen Filmfestivals unterwegs – mal sehen, was das noch mit sich bringt.

Still und Making-Of
von „Generation
YouTube"

Es geht weiter...

...denn allmählich richte ich meine Fühler nach Hollywood aus! Neben Jewelry Junky und Generation Youtube, die zwei ersten Filme von mir, die auch auf Festivaltournee gegangen sind, war ich in den letzten zwei, drei Jahren nämlich auch noch an diversen Projekten beteiligt, die deutlich machen: Mein Kurs ist inzwischen deutlich auf Spielfilm gerichtet. Nachdem ich Anfang des Jahres sogar die Ehre hatte einen Raketenstart zur ISS in Baykanur (Kasachstan) zu drehen, fühlt sich auch das Greifen nach höheren Sternen immer realistischer an.

Auf der „Weekend of Hell", auf der ich wie schon erwähnt unter anderem mit John Carpenter ins Gespräch kam, bekam ich so richtig Bock auf Horror. Kurz nach meiner Transafrika Expedition verließ ich Deutschland, um für zwei Monate nach LA zu gehen: Ich war im Hollywoodfieber! Dort wohnte ich bei meinem langjährigen Kollegen und guten Freund Hendrik, der bei Walt Disney Animation arbeitet.

Kurzerhand schloss ich mich dort einer Gruppe Independent-Filmmachern an, und innerhalb von zwei Wochen drehten wir den Horror-Kurzfilm „The Provider". Während dieser Zeit knüpfte ich auch Kontakt mit einem Schweizer Studenten an der New York Film Academy. Als ich einige Zeit später nochmal nach LA zurückkehrte, filmte ich seinen Abschlussfilm „Where is the money?". Mein zweiter „LA-Film", wie ich ihn gerne nenne.

Meine Monate in Los Angeles waren auf jeden Fall eine wahnsinnig lehrreiche, fortschrittliche und einfach geile Zeit – ich weiß, ich war definitiv nicht zum letzten Mal in Hollywood.

Merke: Wenn du ein Ziel erreicht hast dann such dir ein Neues, mit dem du dich wieder selbst anspornen kannst. Denn jedem Anfang wohnt ja bekanntlich ein Zauber inne.

Am Set als Standfotograf für den Tatort mit Heike Makatsch

Where is the money?

Sonnenaufgang für „Reliquary" und Mord beim „Provider". Beides „Made in Hollywood."

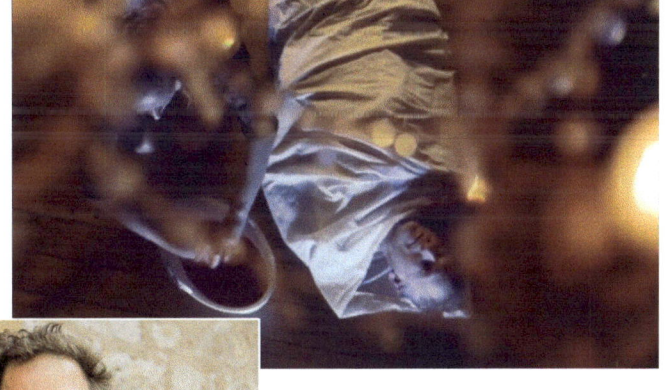

Am Set mit Andrea Sawatzki von Martin Buskers Debütfilm „Zoros Solo" (AT)

Zum Schluss

Das wars: Vorbei ist die Geschichte von Felix, zumindest die Vergangene. Was ab dem heutigen Tag alles noch kommt, ist ein unbeschriebenes Blatt, aber ich weiß: Die Basis ist gelegt, und jetzt geht's erst richtig los. Mit meinen Filmen so richtig durchstarten, an neue Orte reisen und noch mehr tolle Menschen kennenlernen - ich kann nur sagen: Ich freue mich riesig drauf.

Ich hoffe, neben der alleinigen Unterhaltung konntest du aus dieser kleinen, komprimierten Lebensgeschichte zumindest manch nützliche Aspekte für deine eigene mitnehmen und dich inspirieren lassen.

„Nur Mut" – vielen Menschen fällt es oft schwer, sich unter dieser Aufforderung etwas Konkretes vorzustellen. Vielleicht liegt das daran, dass es keine konkrete Anleitung dafür gibt – außer, einfach mutig zu sein. Mutig zu sein, abseits der ausgetretenen Pfade zu laufen. Mutig zu sein, Vertrauen zu haben. Fremde und Freunde um Hilfe zu bitten. Hilfe zu geben. Kritik hereinzulassen. Komplimente anzunehmen. Die Stimmen zu überhören, die vom Scheitern überzeugen wollen. Und die Stimmen lauter zu drehen, die bestärken. Risiken einzugehen. Hinzufallen. Wieder aufzustehen. Dranzubleiben. Arbeit abzugeben. In unbekannte Gebiete vorzustoßen. Altes wieder aufleben zu lassen. Und Neues auszuprobieren.

Egal, was du tun willst, was du vorhast, was deine Pläne und Ziele sind: Trau dich all diese Dinge und du wirst sehen, es lohnt sich. Es lohnt sich, wenn du wie ich Lust auf Freiheit, Abenteuer und neue Möglichkeiten hast: Mut ist die Brücke, die dorthin führt.

Ich wünsche dir alles Gute für das, was noch kommt: Du solltest dich riesig drauf freuen.

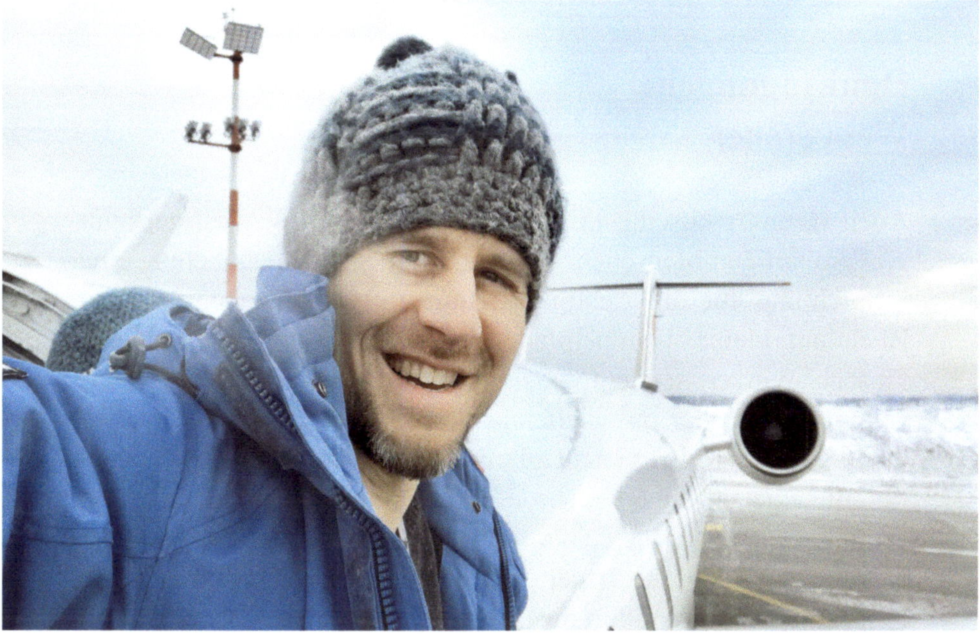

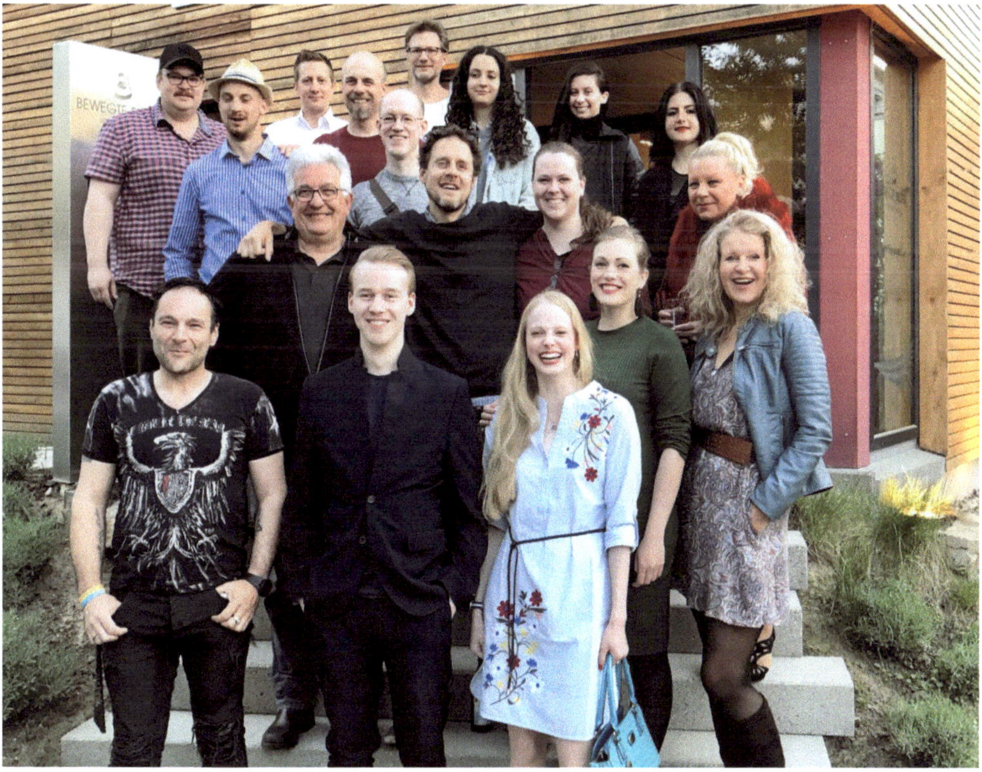
BEWEGTE

Danksagungen:
Wegbereiter

Auch wenn es kitschig klingt: Mein bisheriger Weg ist gesäumt von großartigen Menschen. Ob sie mir an einer Weggabelung eine Empfehlung für die richtige Richtung gegeben haben, meinen Blick auf kleine Trampelpfade gerichtet, mir einfach nur eine Flasche Wasser gereicht, oder ob sie viele Kilometer mit mir gelaufen sind oder das vielleicht immer noch tun: Ich verdanke ihnen sehr, sehr viel. Genau zu beschreiben, was diejenige Person für mich getan hat oder inwiefern sie mich prägte, würde den Rahmen dieses Büchleins ein kleines bisschen sprengen. Deswegen seien sie hier nur erwähnt (schon mal eine Entschuldigung an alle, die ich vergessen habe): Sie werden wissen, was gemeint ist.

Also! Ich danke:

Meinen lieben Eltern, meinen tollen Schwestern, Großeltern und Verwandten, meinen Freunden, Familie Mühlbauer, Chrissi, Christopher Elberg, Tom Goerke, Sabine Abenseth, Gisela Metzler, Uwe Baltner, Gerhard Baumann, Dennis Hughes, Denis Hercog, Sebastian Scherrer, Gero von Boehm, Nico Hofmann, Hendrik Panz, Nils Gabelgaard, Sebastian Weimann, Horst Toegel und der Benz Band, Andreas Feix, Igor Krasik, meiner langjährigen wunderbaren Wohngemeinschaft und Vermieterin Sabine Weyrauch, Marcus Zimmermann, Adriane Lochner, Kay Hofmann, Peter Jahn, Kevin Glor-Ockert, Joseph Vilsmaier, Gernot Roll, Daniela König, Matthias Kossmehl, Stefan Siebert, Thomas Hessmann, Martin Busker, Clemens Braumeister,

Markus Schwarz, Joe Küster, Fabian Janssen, Liviana Jansen, Anna Foerster, Dr. Florian Prugger, Thomas Ch. Weber, Natja Brunckhorst, Philipp Kobilke, Silvio Kempf, Lawrence Steele, Elmar Weinhold, Leon Frerot, Bence Gordes, Malte Derks, Daniel Jacob, Simon Rost, Hermann Scherer, Max Nagel, Stephan Wein, Bernd Michalek, Thomas Merker, Hansl, Yves Alain Lambert, Thomas Schadt Friedemann Leis, Günter Eckhardt, Thorsten Majer, Magnus Froböse, Rolf Heiler, Mira Kessler, Simon Benelhady, Annette Krüger, den vielen Assistenten, Teammitgliedern, Schauspielern, Praktikanten, Locationgebern sowie Netzwerkpartner, BNI, Auftraggebern, Kunden und Sender für die ich tätig sein durfte,
der MFG Baden-Württemberg, den Lehrern der Johannes-Gutenberg-Schule, Axel Waldecker Fotografie, den Dozenten und Mitarbeitern der Filmakademie Baden-Württemberg, u.v.m.

Danke!